DC LANFRANCHI

RSE en Seguridad

El Libro Amarillo de HSE

DC Lanfranchi

RSE EN SEGURIDAD

El Libro Amarillo de HSE

Copyright 2019

www.resiliere.com

Todos los derechos reservados
Publicado por Deborah Lanfranchi
Amazon Kindle Direct Publishing.

24390 palabras

Primera Edición
Octubre 2019
ISBN *9781691840175*

Dedicado a mi familia y a todos los colaboradores, jefes, personas y organizaciones de quienes aprendí, y con quienes compartí mi pasión y mi misión, como también a sus familias.

Dedicado en especial a todos los hombres, mujeres, empresas y organizaciones que se encuentran comprometidas con las prácticas de Responsabilidad Social Corporativa.

ÍNDICE

Prólogo 11

Prefacio 13

Introducción 17

PARTE 1 PREVER 21

¿Qué es prever? 23
¿Qué es la RSE? 23
   ¿Qué sectores de una empresa están involucrados en RSE? 24
   Dinámica organizacional de Seguridad en RSE 25
   ¿Por qué ser Socialmente Responsable? 27
   ¿En quiénes impacta RSE (Stakeholders)? 28
   ¿Cómo se compone la lista de los "stakeholders"? 31
¿Qué es HSE? 33
   HSE bajo el paraguas de RSE 35
   ¿Cómo se involucra HSE con RSE? 35
¿RSE es para cualquier tipo de organización? 36
   ¿De qué temas se ocupa RSE? 36
   Sustentabilidad 36
   Emisiones de Efecto Invernadero 38
   Inversión Responsable 39
   El bienestar y la felicidad de los empleados 42
   Medio ambiente y sostenibilidad 45
   Diversidad e inclusión 46
RSE y Valores 50
   Salud, seguridad y bienestar como valores en sí mismos . 52
   Visión Cero Accidentes 53
   La relevancia de los valores para la cultura organizacional 55
Valores de la Cultura Organizacional 57
   Salud en el lugar de trabajo 57
   Seguridad laboral 58
   Valores y bienestar en el trabajo 59

PARTE 2 ACCIONAR 61

Ejes del Accionar... 63
Métodos de análisis de valor 63
    Validación 64
    Participación / Educación.......................................67
    Confianza 68
    Justicia 70
    Responsabilidad 71
    Desarrollo y crecimiento..71
    Resiliencia 72
El significado estratégico de los valores fundamentales 73

Medio ambiente y sostenibilidad 79
    El Consejo Internacional de Informes Integrados 80

PARTE 3 MEDIR 85

¿Por qué medir? 87
Herramientas de medición 87
    Center for Safety & Health Sustainability. 87
    Sustainability Accounting Standard Board 89
    Incidentes de Accidentes Laborales 91
    https://injuryfacts.nsc.org/ 91

Normativas 92
    OHSA – Administración de Seguridad Y Salud Laboral 92
    ISO – Organización Internacional de Estandarización 92
    ¿Qué es ISO 45001? 94
    ¿Cuáles son las principales diferencias entre OHSAS 18001 e ISO 45001? 94
    Estoy certificado por OHSAS 18001. ¿Cómo comienzo la migración? 95
    ¿Qué debo saber si soy nuevo en ISO 45001? 96
    Tengo un sistema integrado certificado por ISO 9001 e ISO 14001. ¿Cómo se puede usar ISO 45001 con otros sistemas de gestión? 97
    ¿Cómo se utilizará ISO 45001? 98
    Objetivos de desarrollo sostenible a los que contribuye la ISO 45001: 2018 99
    Salud y Bienestar (Good Health and Wellbeing) 99
    ISO 26000: La importancia de la Igualdad de Género (Gender Equality) 101
    ISO 45001: Trabajo Decente y Crecimiento Económico (Decent Work and Economic Growth) 102

ISO y la Industria, Innovación e Infraestructuras (Industry, Innovation and Infrastructure) 104
ISO y la Reducción de las desigualdades (Reduced Inequalities) 106
ISO y las Ciudades y comunidades Sustentables (Sustainable Cities and communities).................. 108
ISO y la Paz, Justicia e Instituciones Sólidas (Peace, Justice and Strong Institutions) 109
ISO/TC 260 para la Gestión de los Recursos Humanos ... 110

PARTE 4 REFLEXIONAR **113**

¿Por qué las crisis aparecen y luego terminan? Reflexiones de abril del 2020 115
Ergonomía 119
Construcción de la felicidad 122
Rutinas Saludables 123
Estrés 127

Epílogo **129**

Deborah C. Lanfranchi **131**

Educación 131

Bibliografía **133**

Prólogo

Como responsable durante muchos años de temas de RSE en una empresa multinacional, conocer a Deborah y comprender su visión ha sido tanto enriquecedor como desafiante.

Deborah tiene un fiel compromiso con la seguridad de las personas y el cuidado y la protección de los recursos y el medio ambiente. **Como especialista regional en temas de seguridad, ella sostiene que podemos prever el 100% de los accidentes de trabajo.** Sostiene además que toda persona interesada en temas de seguridad sea cual fuere la organización de la que hablemos, se beneficiaría inmensamente al aplicar un proceso intelectual continúo dividido en tres pasos, al cual ella denomina PAM:

- Prever
- Accionar
- Medir

Este proceso representa un esquema circular que se repite infinitas veces. Una vez que cumplimos los tres pasos, el resultado de medir nos vuelve a impulsar hacia el principio, para volver a Prever, a Accionar y a Medir. Así presenta Deborah **El Círculo Virtuoso PAM de crecimiento sostenible.**

Es innegable que Safety al ser transversal a la organización aporta valor a todas las áreas de la empresa, pues el trabajar en el desarrollo de acciones que disminuyan accidentes, refleja tanto una imperativa moral como una imperativa de negocios.

La lectura del trabajo de Deborah reforzó con aún más pasión mi compromiso con los temas de RSE y Seguridad. El libro es a la vez ameno y claro, brindando excelente contenido y contexto.

Gracias Deborah por acercarnos este material que es un importante elemento de difusión de los temas que marcan la agenda del mañana, y también como medio para informar sobre tus innovadores y profundos servicios de consultoría y talleres de capacitación. Es innegable que una buena capacitación y servicios de consultoría visionarios son claves para el éxito tanto de RSE como de Seguridad.

Recomiendo esta obra a toda persona que tenga a su cargo la responsabilidad de otras personas en toda clase de organización que ofrezcan productos y/o servicios tanto del ámbito público como privado.

Ambos de sus libros, Liderazgo en Safety y RSE en Safety, brindan una eficaz y profunda visión del conocimiento que debemos adquirir y aplicar en nuestras actividades cotidianas.

Gracias Deborah una vez más por tu compromiso y tu "hacer" que hoy nos acerca a todos un paso más para cumplir el objetivo de generar organizaciones libres de accidentes.

Firma: Una amiga y directora de RSE

Octubre 2019

Prefacio

En mi primer libro publicado comencé el prefacio con la siguiente pregunta: *"¿Por qué decidí escribir libros?"*. Y en este segundo libro quiero profundizar aún más esta pregunta al hablar de RSE.

En una organización no todo debe girar en torno a la producción y las ventas. Entendemos claramente que incrementar nuestra presencia en el mercado, sostener precios competitivos, y principalmente satisfacer la demanda del mercado, son factores críticos de éxito. Pero también es importante enseñar que las metas deben ser acompañadas por una imperativa moral del cuidado y respeto al ser humano, la comunidad y el medio ambiente.

Defino al **éxito** como **el desarrollo y alcance de metas a través de los valores**. Pero esos valores deben ser sostenidos a través de sanos hábitos éticos y de negocio. El aspecto moral se asocia al obrar en relación con el bien y el mal y en función de la vida individual y colectiva. **Ética es el conjunto de normas morales que rigen la conducta de la persona en cualquier ámbito de la vida.**

En el libro Rojo de "Liderazgo y Safety" se expone que **Sostener = Desarrollar Hábitos**. En este nuevo libro amarillo, pretendo arrojar luz a lo que se denomina **Responsabilidad Social Empresaria** y cuáles son aquellos hábitos por desarrollar y así lograr una **cultura de lo sostenible y lo sustentable.**

VALORES SOSTENIBLES

=

HÁBITOS MORALES + HÁBITOS DE NEGOCIO

La Responsabilidad Social Empresaria es un concepto que ha sido adoptado por las empresas para ser calificadas como Empresas Socialmente Responsables y Sostenibles/Sustentables. Sin embargo, el concepto de sustentabilidad se ha visto deteriorado con los años por ser considerado aún por muchos "greenwashing", o lo que podríamos llamar "social washing", que significa lavarse las manos de lo que no se hace internamente en la organización, haciendo filantropía o marketing de lo que se hace creer fuera de la organización.

Es por ello por lo que la S de Safety cobra cada vez más importancia, dado que permitirá a las empresas destacarse en un "hacer" que represente la verdadera sostenibilidad humana. Una sostenibilidad que no sólo será útil para mejorar la calidad de vida de los individuos, la comunidad y el medio ambiente, sino también para las organizaciones, evitando afrontar costos indemnizatorios por juicios laborales y accidentes de trabajo.

Safety se transformará entonces en un valor que logrará formar reales equipos de trabajo, con un modelo de gestión más holístico e innovador, donde el diseño organizacional pondrá en su centro al Ser Humano hoy más que nunca.

Te invito a que presionemos el botón blanco para comenzar.

Introducción

El libro RSE en SEGURIDAD es el segundo libro de la Serie SAFETY. Mi obra actual no tiene como objetivo ser académica. Mi objetivo es crear una colección de textos fáciles de leer, retener y de rápida lectura. Extiendo los conceptos en 15000/20000 palabras promedio por libro que equivalen a una hora y media o dos de lectura aproximada. El objetivo es hacer una introducción ordenada al tema, brindar un contenido básico del mismo y así ofrecerles a los gerentes y responsables de aquellas áreas los conocimientos esenciales para cumplir mejor con su trabajo.

En todos los libros desarrollo una metodología de 3 pasos, y en ese orden, al que yo llamo PAM.

1. Prever
2. Accionar
3. Medir

Es un círculo que se repite infinitas veces. Una vez que cumplimos los tres pasos, el resultado de medir nos vuelve a impulsar hacia el principio, volver a Prever, a Accionar y a Medir. Este es **el círculo virtuoso PAM de crecimiento sostenible.**

El uso de la metodología PAM es un hábito que desearía que se incorpore como un hábito en la vida en general.

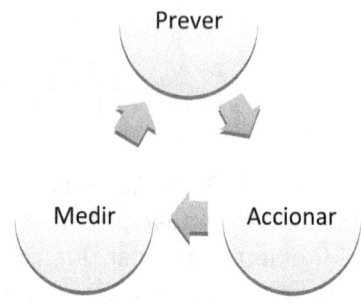

En la primera parte de este libro desarrollaré rápidamente los conceptos sobre qué significa RSE, es decir, qué es, qué sectores la componen, cuáles son los desafíos, a quienes impacta (Stakeholders), y la clasificación de los valores relacionados.

En la segunda parte, el accionar, profundizaré el trabajo de los valores, pues accionar significa ponerse en movimiento, y con ello quiero sentar las bases para tomar acción sobre los valores implícitos. Expondré sobre valores tales como responsabilidad, confianza, justicia, entre otros.

En la tercera parte, enfatizo una guía sobre las diferentes normas asociadas al tema o que impactan sobre el mismo. No es mi objetivo ver tipos de informes en este libro de rápida lectura, sino efectuar una guía de temas que deben estar conscientes e internalizados en las capacidades duras y blandas de los responsables de gestión.

Vale aclarar que, en este libro, cuya intención es poner sobre la mesa la importancia de Seguridad dentro del ámbito de la RSE, utilizaremos indistintamente la palabra sostenibilidad y sustentabilidad como sinónimos y traducción de Sustainability, aunque en rigor de verdad no son exactamente lo mismo.

Comencemos.

D Lanfranchi

PARTE 1 PREVER

"La interdependencia es un valor superior a la independencia"

Stephen Covey, Los 7 hábitos de la gente eficaz

¿Qué es prever?

Según la Real Academia Española (RAE) prever es "ver con anticipación", "Conocer, conjeturar por algunas señales o indicios lo que ha de suceder", "Disponer o preparar medios contra futuras contingencias".

En consecuencia, para prever es imperativo tener las herramientas adecuadas en favor de obtener la información necesaria para poder prever. Lo primero entonces es entender qué sabemos de RSE y Seguridad.

¿Qué es la RSE?

RSE es la sigla utilizada para hablar de **R**esponsabilidad **S**ocial **E**mpresaria. Diremos que una empresa es socialmente responsable cuando es capaz de dar florecimiento a todos los tipos de vida en el planeta.

RSE abrazó todo aquello que tiene que ver con la ética, lo cual hasta entonces no estaba en el radar de ninguna área especializada de las empresas. La ética no estaba en manos ni de recursos humanos ni de producción. Antes de RSE, esas dos áreas fluían juntas, pero nadie estaba mirando las condiciones de los trabajadores ni su impacto en su comunidad y en el medio ambiente. **Con RSE se ponen sobre la mesa temas que nunca se habían considerado antes, que son aquellos que tienen que ver con la responsabilidad del**

empresariado y con la dignidad humana dentro de los ambientes laborales.

La primera ministra de Noruega, Gro Brundtland, en la Cumbre Mundial de Medioambiente y Desarrollo Sostenible de 1987 en el Informe titulado "Nuestro futuro común" (1987-Brundtland Report), se refirió a RSE con una fuerte connotación medioambiental: *Sustentabilidad es satisfacer las necesidades del presente, sin comprometer la capacidad de satisfacer las necesidades de las futuras generaciones.*

En esta definición, el Ser Humano está implícito, pero no llega a describir la importancia y jerarquía de la que éste goza hoy gracias a las prácticas de RSE. Actualmente se sabe que la injerencia de su aporte a una empresa no sólo abarca la calidad de vida de los empleados y del respeto por el medio ambiente, sino también la generación de más ganancias para el negocio.

¿Qué sectores de una empresa están involucrados en RSE?

Hoy en RSE están involucrados todos los sectores de una empresa. En su comienzo era sólo un tema de Relaciones Institucionales. RSE es relativamente nuevo, no tiene ni veinte años en la cultura empresarial. Al principio en su mayoría las empresas comenzaron a incorporarlo como una estrategia de marketing, es decir de puertas hacia fuera. RSE era manejado predominantemente por el área de Relaciones Públicas. RSE era una **excusa** para hablar bien de ellos mismos, de cuán responsables eran porque incorporaban energía eléctrica de origen solar, bajaban las emisiones de carbono al aire, reciclaban u ofrecían clases de yoga para los empleados. Pero de las puertas hacia adentro real y específicamente no estaba en ninguna agenda, ni le importaba a nadie, prevaleciendo el pensamiento de "a mí no me toca", o "en mi área chica no está".

Dinámica organizacional de Seguridad en RSE

Como RSE es aún una materia muy nueva dentro de las corporaciones, la misma no está consolidada como un área en sí misma y por lo general depende de RRHH, Asuntos Corporativos o Relaciones Institucionales.

Lo cierto es que Seguridad, Salud y Medio Ambiente, al estar tan íntimamente relacionadas a RSE y en definitiva a todas las áreas que conforman la organización, tienen una dependencia funcional y matricial muy fuerte con RRHH, Operaciones y por supuesto RSE.

Usando como ejemplo una fábrica de chocolates (producto que elijo simplemente porque me encanta el chocolate), explicaré la dinámica organizacional del tema que a mi criterio es **el tema central de RSE: la Seguridad**.

Vamos a lo básico. El responsable de Seguridad impacta directamente en estas tres áreas:

1. **Área de Producción**, quien es el que pide que se produzcan por ejemplo una determinada cantidad de chocolates. De ella no pareciera ser el problema si hay un accidente o si la gente tiene que hacer cuatro turnos. Responde al compromiso de fabricar esa cantidad y también responde al sistema de incentivos corporativos de bonos, premios, etc. Entonces una postura

habitual suele ser "no me importa cómo lo hagas, yo tengo que entregar el pedido el viernes".

2. **Recursos Humanos**, junto a ellos se deben realizar las comunicaciones de normas y procedimientos y cronogramas de capacitación. Se debe garantizar la disponibilidad de la gente en las salas de capacitación para que se los pueda entrenar y así asegurarnos de que están debidamente informados y capacitados para enfrentar los riesgos inherentes a sus tareas. Pero la realidad es que la disponibilidad de la gente de la línea es un desafío, ya que generalmente al estar asignados a procesos productivos es difícil que tengan tiempo para asistir a las mismas, y aquí aparece el "No podemos sacar a la gente, arréglate, capacítalos como puedas".

3. **RSE**, en el responsable de su área, quien dice *"no me importa en cuánto tiempo la hagamos, ni cuánto paguemos, pero hay que hacerlo bien"*. RSE está a cargo de garantizar la calidad del trabajo, no la calidad del producto, porque la calidad del producto ya está implícita y hay un área específica que se encarga del tema.

Es decir, al realizar una orden de producción, el Jefe de Seguridad de la Planta tiene tres jefes: el Jefe Natural (RSE), el Jefe de Recursos Humanos y el Jefe de Producción. O sea que HSE es transversal a la organización.

En algunas organizaciones muchas veces existe el rol de Ejecutivo de RSE (Chief Sustainability Officer) quien trabaja junto al CEO. Sin embargo, es ideal que haya un HSE Officer dado su importante rol en el desarrollo de los cimientos de una conciencia de Safety, es decir, en el desarrollo de hábitos saludables para lograr la sostenibilidad de la organización.

¿Por qué ser Socialmente Responsable?

"El Ser socialmente Responsable se vuelve cada vez más importante porque ayuda a la sostenibilidad de una organización, entendiendo a las personas como uno de los activos más importantes de la HSE con enfoque de RSE" es la nueva mirada que sostienen algunos estudios llevados por el proyecto *"Understanding and Responding to Societal Demands on Corporate Responsibility (RESPONSE)" ("Comprensión y Respuesta a Requerimientos de la Responsabilidad Social Empresaria")* fondeado por la sexta Comisión Europea.

La definición más atractiva de la esencia de la RSE con la que me crucé es de Antonie Ribound, expresidente y fundador del grupo Danone. Él dijo: **"*Conduzcamos nuestros negocios tanto con el corazón como con la cabeza, y no olvidemos que mientras que las fuentes de energía del planeta son limitadas, aquellas que nos mueven son ilimitadas cuando estamos motivados*"**.

Los **beneficios** de ser una empresa Socialmente Responsable **son varios y muy importantes**. Por un lado, significa que esa organización se ocupa de su gente, su comunidad y el medio ambiente colaborando con la creación de ecosistemas sostenibles. Por otro lado, también contribuye a mejorar su imagen, ya que una empresa Socialmente Responsable es apreciada como una empresa cálida, humana, que se ocupa y colabora en ayudar a resolver los problemas de la sociedad. Y finalmente tiene un tercer beneficio, que es la obtención de un mayor éxito económico, ya que una empresa Socialmente Responsable está en mejores condiciones de competitividad generando mayores ganancias y mejor rentabilidad para la organización.

Mi primer consejo es simple: **caminar mucho la empresa. Respirar con calma mientras caminamos la empresa nos permite ver y entender cuáles son los detalles y sutilezas reales de nuestro desafío.** Hacerlo seguido y con calma. Andar rápido y agitado es contraproducente, pues uno se pierde los detalles y al mismo tiempo da un mal ejemplo.

¿En quiénes impacta RSE (Stakeholders)?

En todos. RSE impacta en todos aquellos que tienen intereses invertidos en la empresa. Edward Freeman describe a todos estos interesados bajo el nombre de "**Stakeholders**" (del inglés que significa, dentro del ámbito empresarial, "interesado" o "parte interesada"), y se refiere a "**todas aquellas personas, organizaciones, entidades y bienes comunes que son afectados por las actividades y decisiones de una empresa**". Edward Freeman es graduado en matemáticas y filosofía por la universidad de Duke con un PhD en Filosofía, es también uno de los fundadores del Capitalismo Consciente en Estados Unidos y Doctor Honoris Causa por la Universidad Pontificia de Comillas.

Según su Teoría de los "Stakeholders", existen stakeholders **primarios, secundarios** y **terciarios**. Veamos la categorización:

- **Primarios**: son los directamente afectados por las políticas y procedimientos de una organización, como es el caso de sus colaboradores los empleados (materia fundamental del tema que nos ocupa).
- **Secundarios**: los elementos del sistema organizacional que no forman parte del corazón del negocio, pero que se ven influenciados y afectados por sus actividades, como pueden ser clientes, proveedores, y competidores. Son el ecosistema de la organización.
- **Terciarios**: son los que más indirectamente se ven afectados por las decisiones y operaciones de una organización, como pueden ser miembros de la sociedad civil, comunidades y vecinos. Si bien unos están más cerca del corazón del negocio que otros, no por ello son menos importantes ni su impacto en sus vidas es necesariamente menor. Un tristísimo y dañino ejemplo de aquello es la catástrofe conocida como Chernobyl donde, por la contaminación que produjo el accidente en su planta de energía atómica, se arruinaron para siempre las vidas de miles de personas además de generar juicios multimillonarios por organizaciones de derechos humanos, sin mencionar la sanción social que aquello les valió.

Me gustaría compartirles el siguiente ejemplo para ilustrar como integrar a los vecinos a una planta (Ejemplo de Stakeholder terciario).

En la visión económica de RSE de una organización en un país de Sudamérica con muchas locaciones se estableció el objetivo de analizar cuántas familias vivían en los alrededores de las locaciones. Y de esta manera poder tomar decisiones informadas y correctas para encaminar el objetivo de integrarlas al ecosistema del grupo económico.

Se relevaron 680 familias, agricultores de pequeños espacios. Sus objetivos fueron apoyar a esas familias con las siguientes acciones:

1. **Apoyo productivo**: brindando soporte para la preparación del suelo, siembra, fertilización, revisión y cosecha, con su correspondiente mantenimiento de caminos para gestionar todos los procesos.
2. **Apoyo a comisarías locales**: brindando soporte a la comunidad.
3. **Apoyo al sistema educativo**: a través de un sistema de becas a jóvenes y niños de la zona, además de la entrega de kits escolares para el desarrollo de sus actividades.
4. **Apoyo a la salud**: con un trabajo coordinado en jornadas de atención médica y charlas sanitarias a las comunidades vecinas.

El resultado de estas acciones produjo, no sólo un sentido de pertenencia y una conciencia por el cuidado de la comunidad, sino que además produjo resultados económicos positivos para la empresa, lo que permitió incrementar el presupuesto destinado a RSE con un objetivo de desarrollo sustentable.

¿Quiénes lideraron la puesta en marcha de estas acciones? El Directorio, la Gerencia y los gerentes de planta organizados por un especialista de RSE. Muchas de esas familias pertenecían al grupo familiar de trabajadores, lo que incrementó los niveles de compromiso (engagement) de los empleados hacia la empresa, dando como resultado un aumento en las respuestas positivas de satisfacción y safety de sus encuestas internas.

¿Cómo se compone la lista de los "stakeholders"?

"Stakeholder" dijimos que eran todas las partes o actores interesados, directa o indirectamente, en una empresa u organización. Se caracterizan por ser grupos de poder, real o potencial, que influyen en las decisiones gerenciales. Por este motivo afectan y son afectados por todas las acciones, decisiones, políticas o prácticas empresariales que se toman para lograr los objetivos de aquella organización en su conjunto.

Es muy importante diferenciar "stakeholders" (grupos de interés) de "stockholders" (accionistas). Un accionista es una parte interesada más de tantas otras, un "stockholder" es un "stakeholder" más.

Los "stakeholders" internos son los encargados de prestar apoyo moral, económico y social a los trabajadores de la empresa en cuestión y defender sus derechos.

'Stakeholders'

Los "stakeholders" que tienen intereses directos en la empresa son: propietarios, directivos, trabajadores, proveedores, clientes.

A su vez los que tienen intereses directos en la empresa, tienen partes interesadas internas y externas. Las partes interesadas internas son los empleados, gerentes y propietarios. Las partes interesadas externas son los proveedores, la sociedad, el gobierno, los acreedores y los clientes.

Los "stakeholders" que tienen intereses indirectos en la empresa son las administraciones públicas del Estado, los competidores, las asociaciones de consumidores, los grupos ecologistas, las ONGs, la comunidad local, la sociedad en general y los medios de comunicación.

La identificación de los "stakeholders" es importante en el proceso que efectúa una organización para poder definir los factores que pueden impactarlos y los factores que pueden impactar a la propia organización. Es de suma relevancia que en el proceso de identificación se considere el **carácter dinámico de los "stakeholders"**, por lo que se hace necesario un proceso de identificación claro y con una metodología bien definida. Los detalles que hacen a este proceso de identificación dependen del tipo de organización de la que se trate: a qué se dedica, su ubicación geográfica, la cantidad de empleados, etc., ya que cada caso tiene sus características propias.

En uno de sus informes la worldbank.org establece **7 ejes de la RSE**, los cuales fueron clasificados para facilitar la incorporación y sistematización de su gestión. Según el informe, los ejes en los que actúa la RSE son 7:

1. Valores y Transparencia
2. Actores internos
3. Proveedores
4. Clientes
5. Comunidad
6. Medioambiente
7. Estado

Acá observamos una gran similitud con lo que Freeman llamó la Teoría de los "Stakeholders". Lo que es destacable aquí son las áreas donde se puede y debe aplicar la gestión de RSE para ser RSE. Lo óptimo sería que todas las empresas con estándares de RSE desarrollen e implementen todos estos principios simultáneamente. Sin embargo, es muy válido también empezar a través de un diagnóstico profesional de cada uno de estos ejes para evaluar una priorización respecto de los que necesitan una mayor atención y enfoque. Este ejercicio puede hacerse "in house" si se cuenta con los profesionales y herramientas idóneas, o se puede contratar externamente a consultores expertos especializados.

¿Qué es HSE?

HSE significa Salud, Seguridad y Medio Ambiente (del inglés Health, Safety and Environment).

HSE es el sistema que permite mantener un registro en los procesos organizacionales de las empresas para mejorar la seguridad y salud de todos los empleados ante los riesgos y para mejorar el cuidado del medio ambiente, entre otros. Está compuesta por los sistemas de Gestión

HSE, creados para garantizar estándares internacionales operativos en las organizaciones, los cuales se hallan controlados y monitoreados por organismos especializados.

Para entender su función, cito el ejemplo que brindó el Consejo Colombiano de Seguridad, el que indica que en el 2016 se reportaron más de 8.500 enfermedades laborales en Colombia, ocupando en ese año el primer lugar la industria manufacturera como principal responsable y contribuyente de esos valores.

Este es apenas un ejemplo de lo que acontece día a día, año a año en el mundo. Las estadísticas nacionales están disponibles públicamente para ser estudiadas por aquellos que estén interesados en profundizar el tema.

Aquellos que nos dedicamos a RSE sabemos que diariamente, aún hoy, suceden una altísima cantidad de accidentes laborales. La HSE invita a las organizaciones del mundo a que implanten NORMAS establecidas por el Sistema de Gestión, cuyo fin es garantizar una mayor competitividad y también un menor riesgo de accidentes laborales. La implementación de las normas asegura por un lado un compromiso interno real para con la Seguridad y por otro lado confiere a las empresas y organizaciones certificaciones valiosas que confirman públicamente ese compromiso.

Para obtener estas certificaciones, es necesario demostrar y garantizar una adecuada gestión frente a los procesos ejecutados y el cumplimiento de leyes y estándares internacionales ISO.

HSE bajo el paraguas de RSE

RSE, como ya dijimos, significa Responsabilidad Social Empresaria. Entonces HSE incluye a la RSE.

Existen muchas herramientas para poder hacer que la HSE se gestione bajo los parámetros de la RSE. Entre ellas se encuentran el mencionado Global Reporting Initiative, (Iniciativa de Informes Globales), Pacto Global, Certificaciones Sistema B. La norma emergente que más se acerca a lo que llamamos Health, Safety and Environment es la norma ISO 45001 la cual reemplazó la OHSAS 18001 a partir de marzo del 2018 (en la Parte 3: Medir de este libro me explayo más en detalle sobre estas y otras normas).

¿Cómo se involucra HSE con RSE?

Como ya dijimos, la sustentabilidad y la Responsabilidad Social Empresaria son la capacidad de dar florecimiento a todos los tipos de vida para siempre. Y es a través de la Responsabilidad Social Empresarial que esto se hace posible con medidas de calidad (normas). Un ejemplo es la norma ISO 26000 que brinda una guía que nos permite operacionalizar todo esto de lo que estamos hablando. Estos procesos de aplicación de normativas son responsabilidad indiscutida del líder, pero este rol no termina aquí. **El rol del líder de HSE va más allá, no se limita a la aplicación de la norma. Su verdadero rol es la profundización de éstas desde el punto de vista humano.** Por lo tanto, **HSE ayuda a las empresas y organizaciones** a ser socialmente responsables desde el corazón de sus negocios, haciéndolas más rentables a largo plazo.

¿RSE es para cualquier tipo de organización?

RSE es para toda aquella organización, pequeña, mediana o grande, sea tanto que ofrezca productos o servicios, decidida a tomar conciencia de su capacidad y potencial para crear impactos positivos en la sociedad, y que también esté comprometida a innovar en un proceso de mejora continua. El resultado de sumarse es lograr obtener una organización sustentable, no sólo por el beneficio directo a su ecosistema sino por el aumento en los niveles de inversión provenientes de grupos de inversores y potenciales socios también comprometidos con la causa de la creación de un mundo socialmente responsable.

¿De qué temas se ocupa RSE?

Los temas de los que se ocupa RSE son vastos e importantes. En esta sección explico en profundidad los temas más relevantes que se encuentran hoy en las agendas de la política y los gobiernos, el mundo empresarial y las organizaciones con y sin fines de lucro.

Sustentabilidad

Como **sustentabilidad** definimos "**las cualidades de lo sustentable**". En las áreas de la economía y la ecología, sustentable es "**algo que se puede mantener a lo largo del tiempo sin agotar sus recursos o perjudicar al medio ambiente y que requiere una sociedad (en este caso una empresa) que realice un uso consciente y responsable de sus recursos, sin agotarlos o exceder su capacidad de renovación y sin comprometer el acceso a ellos de las nuevas generaciones**".

Ehrenfeld y Schley destacan que la Sustentabilidad empresarial significa "la creación de negocios como sistemas vivos alineados a la naturaleza, de manera que toda la vida pueda florecer por el resto de los tiempos".

El primer estándar mundial de lineamientos para la elaboración de memorias de sostenibilidad de aquellas compañías que deseaban evaluar su desempeño económico, ambiental y social fue el **GRI - Global Reporting Initiative** (https://www.globalreporting.org), (Iniciativa de Informes Globales), creado en 1997 por una institución independiente.

El GRI cuenta con la participación de representantes de organizaciones de derechos humanos, derechos laborales, investigación, medioambientales, corporaciones, inversionistas y organizaciones contables.

Su objetivo es el de lograr una economía global sostenible donde las organizaciones gestionen responsablemente su desempeño e impactos económicos, ambientales y sociales, y elaboren memorias de una forma transparente, además de hacer de la elaboración de memorias de sostenibilidad una práctica habitual proporcionando orientación y respaldo a las organizaciones.

Lo interesante de este informe es que ayuda a evaluar cuáles son los temas materiales (de carácter económico, social y medioambiental) en los que impacta una organización y por los cuales los distintos grupos con los que interactúa se ven afectados. De esta manera, distintas organizaciones pueden comunicar su impacto y retroalimentarse de lo que es importante para su contexto operativo. Actualmente miles de organizaciones de todo el mundo reportan desde más de 90 países.

En Estados Unidos se pueden analizar en internet 1.150 organizaciones que realizaron 4.950 informes al año 2019; en Argentina fueron 208 organizaciones. La misión del GRI es empoderar a los tomadores de decisiones de todo el mundo a través de sus estándares y su red de actores múltiples, y así invitar también a tomar acciones reales y medibles hacia una economía global en un mundo más sostenible.

Emisiones de Efecto Invernadero

Miremos este dato: alrededor del 24% de todos los gases de efecto invernadero emitidos en todo el mundo provienen de la agricultura, silvicultura y otros usos del suelo. (Fuente: Naciones Unidas)

Es importante tener en cuenta las emisiones de Efecto Invernadero analizadas por el **Green House Gas Protocol**, (Protocolo de de Gases Efecto Invernadero), lanzado en 1998, con el objetivo de medirlas. La misión del protocolo es desarrollar estándares y herramientas para la contabilización y generación de informes de GEI (Gas de Efecto Invernadero) aceptados internacionalmente además de promover su adopción a fin de lograr una economía con bajas emisiones a nivel mundial. Todos los estándares y la orientación del Protocolo de GEI están disponibles en www.ghgprotocol.org. Los pilotos se llevaron a cabo a nivel nacional o regional en Chile, India, Israel, Sudáfrica, Reino Unido y Estados Unidos. El estándar fue revisado basándose en la retroalimentación de dicha prueba piloto y se circuló para recibir comentarios públicos durante julio y agosto de 2014.

En paralelo, la Política y el estándar de acción del Protocolo de GEI, un estándar voluntario internacional para estimar los efectos del gas de efecto invernadero para las políticas y las acciones, fue diseñado por medio del mismo proceso de desarrollo del estándar.

Por lo antedicho, se entiende que hay algunos temas materiales a los que tenemos que prestar más atención que a otros, dependiendo del impacto de las actividades de cada empresa en lo que respecta a lo económico, social y medioambiental. No es lo mismo una empresa minera, una empresa alimenticia o una empresa de software. Cada industria debe medir en qué áreas vinculadas a la sustentabilidad tienen mayor impacto.

Inversión Responsable

A principios de 2005, el entonces Secretario General de la ONU, Kofi Annan, invitó al grupo de los inversores institucionales más grandes del mundo a unirse a un proceso para desarrollar los **Principios para la Inversión Responsable (PRI)**, (del inglés Principles for Responsible Investment).

Un grupo de inversores compuesto por 20 personas provenientes de instituciones en 12 países fue apoyado por 70 expertos de la industria de inversión, organizaciones intergubernamentales y la sociedad civil para trabajar en estos principios.

Los Principios finalmente se formalizaron en **seis** y se basan en la noción de que las cuestiones ambientales, sociales y de gobernanza (ESG), como también el cambio climático y los derechos humanos, pueden afectar el rendimiento de las carteras de inversión y, por lo tanto, deben considerarse junto con factores financieros más tradicionales por los inversores si quieren cumplir adecuadamente con su deber fiduciario. Para abril de 2006, los Principios se lanzaron en la Bolsa de Nueva York. Aquello representó un avance muy importante.

El objetivo de los seis Principios es proporcionar un marco global para que los principales inversores consideren los temas de ESG. El PRI (https://www.unpri.org/) se creó junto con los Principios para ayudar a poner en práctica el marco. Resulta muy interesante observar que los Principios vieron un aumento en su suscripción después de la crisis financiera mundial de 2008-2009, según un informe publicado por el Financial Times.

Los Principios son "voluntarios y aspiracionales" y no tienen requisitos mínimos de ingreso o estándares absolutos de desempeño para una inversión responsable. Sin embargo, los signatarios tienen la obligación de informar en qué medida implementan los Principios a través del proceso anual de Informes y Evaluación. El PRI tiene alrededor de 90 empleados ubicados principalmente en Londres, con oficinas en la ciudad de Nueva York, Seúl, Sao Paulo, Ámsterdam, Tokio y Ciudad del Cabo.

Los 6 principios a los que los inversores se comprometen son:

1. Incorporaremos los problemas de ESG (Medioambientales, Sociales y de Gobernanza) en el análisis de inversión y los procesos de toma de decisiones.
2. Seremos propietarios activos e incorporaremos los problemas de ESG en nuestras políticas y prácticas de propiedad.
3. Buscaremos la divulgación adecuada sobre temas de ESG por parte de las entidades en las que invertimos.
4. Promoveremos la aceptación e implementación de los Principios dentro de la industria de inversión.
5. Trabajaremos juntos para mejorar nuestra efectividad en la implementación de los Principios.
6. Cada uno informará sobre sus actividades y su progreso hacia la implementación de los Principios.

ESG = Environmental, Social and Governance

¿Por qué explico todo esto? Pues es necesario que todos los niveles de una organización o empresa tengan un conocimiento al menos mínimo del tema y no simplemente conozcan una definición y apliquen algo de sentido común. Me podrán decir que estos principios no afectan a todos los niveles de empleados pues son sólo para los directivos e inversores, pero les diré enfáticamente que estos principios se aplican a todos.

Si queremos ser parte de la solución y no más ser parte del problema, debemos comprometernos a incorporar los problemas de ESG a nuestros planes y métodos, comunicando claramente los principios (divulgación adecuada), promoviendo esos principios y trabajando para que sean efectivos, y siempre informando progresos y actividades. **Sostener estos principios es la explicación de por qué es importante el desarrollo de valores y hábitos de bien común, que a su vez son la base para un marco de trabajo seguro.** (Estos conceptos se explican en profundidad en mi libro Liderazgo y Seguridad)

El bienestar y la felicidad de los empleados

El término "flourishing" se refiere a florecimiento, término que deviene de la psicología positiva y tiene asidero en la felicidad.

Sabemos que hoy en día **la felicidad no está dada sólo por satisfacer las necesidades económicas de la población, sino también por lograr una calidad de vida que nos permita desarrollarnos como personas desplegando las virtudes que tenemos al servicio de quienes nos rodean.** Ya no hablamos sólo de autorrealización, sino de llegar a niveles de conexión con la vida de uno y con los otros de manera que esto nos permita disfrutar y lograr alcanzar nuestro **mayor potencial**.

Son muchas las técnicas que se han utilizado, pero las más conocidas son las que tienen relación con la aplicación del mindfulness, yoga o la respiración, que inducen a las personas a tener comportamientos socialmente más responsables consigo mismos y con los demás.

Esto debería ser aplicado a todos los niveles de una organización. El estudio **Response** demuestra cómo estas prácticas han ayudado a brindar felicidad a las personas, así también como lo hace el coaching, mejorando los niveles de diálogo y conciencia al momento en que los líderes toman decisiones.

Los niveles de motivación que se logran con estas metodologías producen ganancias superiores a las empresas, dándoles autonomía a las personas y sensación de felicidad.

Si bien la salud, la seguridad y el bienestar (HSW Health Safey Wellbeing) en el trabajo representan valores importantes en sí mismos, otros valores pueden contribuir a ello. HSW es parte estructural de HSE.

Esto se refleja en la literatura científica por la atención que se presta a valores como la confianza o la justicia (sobre los cuales me explayaré más adelante). La confianza es otro tipo de capital social mencionado en la literatura de la RSE para mejorar el funcionamiento de los sistemas, pero al mismo tiempo el más difícil de lograr. La pregunta central de investigación que deberíamos hacernos es ¿qué valores organizacionales respaldan la salud, la seguridad y el bienestar en el trabajo?

Podríamos decir que una actitud positiva hacia las personas y su "ser" son lo más importante al momento de construir confianza; eso comprende tener una cultura de la **interconexión, participación y confianza**. Se desarrolla con comunicaciones, pero también con acciones coherentes.

En el "hacer" organizacional e individual para acciones planificadas o emprendidas, los valores importantes son la justicia y la responsabilidad. El tercer

grupo de valores relevantes para dejar venir lo nuevo, se caracteriza por la alineación del desarrollo personal y organizacional; comprende los valores de crecimiento y resiliencia.

Estos tres grupos de valores centrales identificados pueden considerarse como "supuestos de valores básicos" que subyacen tanto la cultura organizacional como en la cultura de prevención. Los valores centrales identificados forman un aspecto natural y quizás necesario de una cultura de prevención, complementaria al enfoque en lo racional y lo referente al comportamiento.

Ha habido un gran interés en el concepto de "cultura de prevención", especialmente por parte de los encargados de la formulación de políticas de Seguridad y Salud en el Trabajo (SST). La gestión y la cultura de la salud y la seguridad tienen más probabilidades de ser las dos caras de la misma moneda y deben tener más en común de lo que se refleja en las tradiciones de investigación dominantes y separadas.

La confianza es un aspecto que también es tenido en cuenta cuando hablamos de salud y salud psicosocial, y es un tema importante para la salud en el trabajo en todos los niveles. Es tan importante que es medido por el sistema de benchmarking de "Great places to work", (Ambientes de trabajo confortables).

Muchas organizaciones hoy en día tienen un conjunto de valores centrales, generalmente definidos por la alta gerencia y comunicados externamente a través del sitio web de la compañía. El documento de Zwetsloot indica que, si queremos alcanzar la excelencia en la gestión de la salud y la seguridad, así como en la gestión ambiental o de calidad, es esencial generar una sinergia entre las "racionalidades de la prevención" y la gestión del valor. En menos palabras, **es importante "hacer las cosas bien"**.

Medio ambiente y sostenibilidad

Definimos el impacto en el medio ambiente como el tratamiento de efectos de la contaminación, al rendimiento de los recursos, y al agotamiento de los recursos no renovables y finitos. Esto implica el manejo de residuos, la protección de la biodiversidad, la calidad del aire y eficiencia energética, y el manejo del agua.

Todos somos partícipes de estas actividades. En una ocasión estuve involucrada profesionalmente con una planta muy grande de una empresa de primera línea internacional donde se llevaron a cabo cursos y consultoría de alto rendimiento en RSE. Mientras caminaba las instalaciones confieso que me entusiasmó especialmente ver a los mismos empleados en diferentes plantas llevar adelante diversas iniciativas propias de ingeniería de sostenibilidad, como reciclar guantes y cascos en desuso, impactando así en la reducción de residuos.

Es necesario tomar consciencia de que **nueve de cada diez personas en todo el mundo están expuestas a niveles de contaminación que superan los niveles de seguridad recomendados por la Organización Mundial de la Salud (OMS)**, https://www.un.org/es/events/environmentday/, datos que manifiestamente nos invitan a todos a entender que algo debemos hacer.

Las industrias de producción de energía, donde hay centrales eléctricas que queman carbón o los generadores diésel, suponen una preocupación creciente por la emisión de gases de efecto invernadero que producen. Esto constituye un claro indicio de que es necesario comenzar a utilizar energía solar o proveniente de fuentes renovables no contaminantes. Esto lo sabemos todos, pero la inversión necesaria para llevar las mencionadas conclusiones a hechos y acciones concretas aún son percibidas por las organizaciones como un gasto, tal cual como sucedió con el resto de los temas asociados a seguridad cuando se pusieron sobre la mesa.

La [Agenda 2030 para el Desarrollo Sostenible](#) declara, según las Naciones Unidas, su determinación para garantizar una protección duradera del planeta y sus recursos naturales. En concreto, la **Organización Mundial de la Salud (OMS)**, presenta en sus objetivos **14** y **15** la conservación de los ecosistemas marinos y terrestres, así como el uso sostenible de estos recursos.

Todos los 5 de junio desde el año 1974, se celebra el día mundial del medio ambiente, promovido por las Naciones Unidas. Recién en los últimos años, debido mayormente al calentamiento global, se empezó a tomar más conciencia y tomar más decisiones para reducir lo más posible el impacto ambiental de nuestras acciones. Los invito a sumarse a esta celebración desde un hacer personal sostenible y sustentable en todas las áreas de la vida.

Diversidad e inclusión

En los siete principios de la Responsabilidad Social de la ISO 26000 versión 2010, apartado 4.1 se destaca lo siguiente: "**Al adoptar esta Norma Internacional es** aconsejable que una organización tenga en cuenta la diversidad social, ambiental, legal, cultural, política y organizativa, así como las diferencias en las condiciones económicas, y sea, al mismo tiempo, coherente con la normativa internacional de comportamiento."

Rescatamos aquí algunas palabras relevantes: social, cultural, organizativa y comportamiento sobre las cuales ya estuvimos explorando, y agregamos dos palabras más: identidad y respeto.

RESPETO 100%

De esto se trata Diversidad e Inclusión

Cuándo consumimos un producto o un servicio, ¿hay alguna diferencia en la diversidad del grupo social, cultural u organizativo que estuvo involucrado en su creación? ¿O buscamos calidad? (Es decir, respeto 100% a la identidad)

A continuación, analizo algunos ejemplos de identidad en orden alfabético:

- Afroamericanos, ¿Sólo Estados Unidos? ¿Sudamérica? ¿Colonialismo? ¿África?
- Asiáticos, ¿de dónde? Oriente versus Occidente, Problema de identidad.
- Edad, Generación, Millennials, Centennials; ¿arriba de 40? ¿Niños? ¿Ancianos? ¿Diferencias por género?
- Discapacidad, diferenciación de categorías, heredada, adquirida (¿accidente de trabajo?,

enfermedad, otros). Motriz, mental, intelectual, psíquica, cultural.
- Hispanos; ¿de dónde? Diferencias culturales.
- Indígenas; Derechos por ley, diferencias culturales.
- LGBTQ, lesbiana, gay, bisexual, transgénero, queer, vestimenta, transexualismo para el uso de instalaciones, adquisición de seguros y medicina).
- Mujer; ¿minoría?... ¡usemos las matemáticas!
- Religión; cristianismo, musulmán, judío, budista, diferencias culturales en la vestimenta, accesorios, comidas, feriados, horarios, hábitos (mirada, tocar las manos, regalos), colores, etc.
- Veteranos de Guerra; ¿Locales, internacionales?

Es tan inmensamente amplio el espectro de prácticas, creencias, procedencias, condiciones, experiencias, intereses y habilidades que exigen respeto por las diferencias que nos hacen únicos y especiales a los seres humanos, que el tema requiere una obra en sí misma para plasmarlo todo. Los expertos en consultoría contamos con el conocimiento y las herramientas para crear valor de esa altamente compleja fisonomía. Para los casos de empresas y organizaciones con presencias en múltiples regiones geográficas recomiendo el libro "Kiss, Bow or Shake Hands" de Terri Morrison and Wayne A. Conaway. Es la guía indispensable para el ciudadano corporativo global de hoy.

Debajo proporciono algunos principios que, a mi criterio, son esenciales en los temas de diversidad e inclusión:

- Diversidad e Inclusión se trata de concentrarse en la tarea, independientemente de quién la realice.

- Diversidad e Inclusión se trata de generar valores centrales básicos que sirvan de guía para toda la estructura corporativa/organizacional.
- Diversidad e Inclusión se trata de trabajar el valor respeto 100%, sin exclusiones.
- Diversidad e Inclusión se trata de concentrarse en forma conjunta y sinérgica en los objetivos, y en la misión de la empresa, en su propósito.
- Diversidad e Inclusión se trata de desarrollar liderazgo.
- Diversidad e Inclusión se trata de asistir al crecimiento de los empleados.
- Diversidad e Inclusión se trata de una estrategia de globalización.
- Diversidad e Inclusión se trata de dejar una huella.
- Diversidad e Inclusión se trata de llevar adelante con prácticas reales y sostenibles el principio de la empatía.

Debajo les comparto a mis referentes e inspiradores personales sobre estos temas para aquellos que tengan deseos de profundizar.

- **Thaddeus Stevens, (1792-1868):** jefe de la Cámara de Representantes de Estados Unidos en la presidencia de Lincoln, quien es recordado por impulsar y declarar la igualdad bajo la ley la cual proclama que todos somos iguales frente a la justicia. Este hito marcó un punto de inflexión en la historia pues, con determinación, estableció el respeto entre personas que se pueden considerar diferentes.
- **Maya Angelou, (1928-2014):** escritora, poeta, cantante y activista. Tomó parte activa en el

Movimiento por los Derechos Civiles y colaboró estrechamente con figuras tan relevantes como Martin Luther King, Jr. y Malcolm X. También es la autora de mi frase favorita para el desarrollo de personas en una empresa. Ella dijo: *"He comprobado que las personas olvidan lo que les has dicho y lo que les has hecho, pero jamás olvidan cómo las has hecho sentir"*.

- **Marion Martin, (1901, 1987)**: sirvió en la cámara de representantes del estado de Maine y fue senadora estatal. Fue la única persona sin estudios de derecho que participó del comité de Asuntos Legales del Senado de Estados Unidos. Jugó un papel decisivo en la aprobación de la legislación para promover la igualdad salarial por el mismo trabajo, una ley de salario mínimo, una fuerte seguridad industrial, leyes de trabajo infantil y negociación colectiva. Por su compromiso en Seguridad llegó a ser miembro del comité nacional de Safety, y el premio más importante de Estados unidos en Safety lleva su nombre.

RSE y Valores

Dijimos previamente que RSE se cargó al hombro los temas referidos a la ética empresarial.

La RAE define la **ética** como "**el conjunto de normas morales que rige la conducta de la persona en cualquier ámbito de la vida**" y también como "la parte de la filosofía que trata del **bien** y del fundamento de los **valores"**

Según el diccionario de Oxford, los valores son "los principios o estándares de comportamiento; **el propio juicio de lo que es importante en la vida**".

Podemos concluir entonces que en RSE, Ética y Valores están muy íntimamente relacionados. Veamos entonces la importancia de los valores en RSE.

Según los términos del glosario del modelo de excelencia de la Fundación Europea para la Gestión de la Calidad, los valores son" filosofías o principios operativos que guían la conducta interna de una organización, así como su relación con el mundo externo".

Dicho más mundanamente, **los valores son los que brindan orientación a las personas sobre lo que es bueno o deseable y lo que no lo es.** Ellos ejercen una gran influencia en el comportamiento de las personas y los equipos, y sirven como pautas generales en todas las situaciones. Según el diccionario de Cambridge, un "valor central es un valor o creencia que es más importante que cualquier otro".

Peter Senge enfatiza la importancia de los "valores compartidos" para el aprendizaje organizacional exitoso. Al definir sus valores corporativos o fundamentales, las empresas dan sentido a la existencia de su valor para la sociedad. Cuando los valores centrales se toman en serio y, por lo tanto, son más que meras "teorías expuestas", también son importantes para la identidad y la cohesión de las organizaciones. Por lo tanto, **los valores centrales subyacen a la misión, visión y estrategias de la organización, pero también al diseño y funcionamiento de sus sistemas, estructura, estilo de operación y la** selección y desarrollo del personal y las habilidades; tienen el potencial de guiar las prácticas y comportamientos de gerentes, supervisores y trabajadores.

Una vez que se internalizan, los valores centrales son más estables que las estructuras corporativas o los sistemas de gestión en sí mismos, especialmente en períodos de reorganización y cambio.

Como se deprende de todo lo anterior, podemos afirmar que **la internalización de los valores de la empresa son un factor crítico para la reducción de accidentes, pues los accidentes, especialmente los de carácter mortal, son siempre una consecuencia de eventos anteriores menores que pueden ser mejorados y prevenidos con una cultura de mejores comunicaciones y educación,** dando por obvio el uso de óptimas maquinarias e instalaciones.

Entonces no se trata solamente de que un empleado sea más prudente con una máquina que puede atrapar un miembro inferior. El desafío radica en que se lo haya comunicado con total claridad, entrenado sobre los riesgos que esa actividad ocasiona y entregado las herramientas y protección necesarias para el seguro desarrollo de su labor.

Salud, seguridad y bienestar como valores en sí mismos

HSW significa Health, Safety and Wellbeing, término comprendido por la Salud, Seguridad y Medioambiente (HSE por sus siglas en inglés).

DC LANFRANCHI

Hay buenas razones para decir que HSW representa valores en sí mismos. La salud, la seguridad y el bienestar ciertamente pertenecen a lo que la mayoría de las personas juzgan importante en la vida.

Visión Cero Accidentes

Quizás los aspectos de valor de HSW respecto a Seguridad son más tangibles en la **"visión cero"**, que es la ambición de generar lugares de trabajo <u>libres de accidentes o al menos accidentes y daños graves.</u>

En la segunda Conferencia de Estrategia de Salud y Seguridad en el Trabajo, representantes de gobiernos y varias instituciones europeas e internacionales acordaron que "Visión Cero" debería considerarse tanto la base como el objetivo de una cultura de prevención.

Gerald Zwetsloot hizo una tesis sobre la importancia de **4 elementos decisivos al momento de crear una "visión cero" de accidentes**:

1. Compromiso.
2. Comunicación.
3. Cultura.
4. Aprendizaje.

Tim Kinsella, Senior ES Manager, Field Operaciones de la empresa Manson Construcción Co. de San Diego, California, plasmó en **5 componentes la "visión cero" de accidentes**:

1. Capacitación.
2. Planeamiento.

3. Elementos de protección personal.
4. Compromiso.
5. Comunicaciones.

Según la opinión de uno de los más importantes referentes mundiales de Safety, **Gary Higbee**, todos pensamos que el cumplimiento de las leyes y regulaciones de seguridad conducirá a la reducción de lesiones. A veces suponemos que el cumplimiento de las leyes y la reducción de lesiones son lo mismo. A veces lo son, pero otras veces no y todos lo saben, aunque no se admita.

La razón por la que tenemos por ejemplo las leyes OSHA es para evitar lesiones. Pero la gran ironía es que las leyes a veces pueden convertirse en una distracción. Higbee destaca que estamos tan absortos en obtener todos los detalles del cumplimiento correcto que tendemos a pasar por alto lo que deberían ser riesgos obvios para la seguridad. Un auditor de OSHA puede detectar la falta de etiquetas de prevención en una planta, pero no puede **prever** sobre la rugosidad de un piso de producción que implica que los carros se deban tirar en lugar de empujarlos.

La Organización Internacional del Trabajo (OIT) definió la protección de la salud y la seguridad en el trabajo como un derecho fundamental, relacionado con la Declaración de Derechos Humanos, y fue confirmado por el Pacto Internacional de Derechos Económicos, Sociales y Culturales de las Naciones Unidas en 1976.

Los mismos aspectos de valor están asociados con el concepto de "trabajo decente". Según la OIT, un elemento clave para la gestión de la SST es promover una "cultura de prevención" dentro de la empresa donde "se respete el derecho a un ambiente de trabajo seguro y saludable y en el cual los empleadores y los trabajadores participen activamente para asegurar un ambiente de trabajo seguro y saludable".

A lo largo de mi trayectoria me he encontrado con muchos desafíos relacionados con estos temas. Les comparto una experiencia sencilla que tuve hace un tiempo. En una oportunidad, en un ambiente de trabajo sin ventanas -necesario para el proceso de manufactura de productos de chocolate debido a que éstos requieren determinadas condiciones ambientales de refrigeración- algunos empleados se acercaron para comentarme sobre su incomodidad de trabajar en un lugar sin ventanas. Incluso recuerdo que uno de ellos me comentó que esa circunstancia estaba generándole cierto grado de claustrofobia. Los líderes en general y los gerentes de planta en particular deben utilizar su creatividad para generar soluciones que prevean todo tipo de comportamientos y malestar. Ese caso lo solucionamos ploteando ventanas de tamaño natural con vistas a una pradera. Estas otorgaron mayor luminosidad y mejor clima al sector y fue muy bienvenido por los empleados de esa planta pues les solucionó el problema de forma creativa y con un muy bajo costo.

La relevancia de los valores para la cultura organizacional

Entendemos la **"cultura de las organizaciones"** como **un concepto complejo y ambiguo, que comprende los valores, normas, hábitos, opiniones, actitudes, tabúes, rituales y visiones de la realidad que tienen una** influencia importante en la **toma de decisiones y el comportamiento de las organizaciones dentro de ellas.**

Edgar Schein, una autoridad en psicología de las organizaciones, profesor emérito y conferencista senior en Sloan School of Management del Instituto de Massachusetts, MIT, distinguió **tres niveles de cultura organizacional**: Supuestos Básicos, Valores Propuestos y Artefactos. Este último incluye aspectos de comportamiento.

- Los **supuestos básicos** no pueden observarse o percibirse directamente, pero son el núcleo de una cultura organizacional.
- Los **valores propuestos** son aquellos que la organización y su alta dirección proclaman importantes.
- Los **artefactos**, por ejemplo, son las prácticas de trabajo que son fenómenos codificados por la cultura corporativa; pueden observarse o medirse fácilmente, pero no es tan fácil aclarar el vínculo con las dos capas subyacentes de la cultura.

La influencia de las capas más profundas de la cultura -los supuestos y valores básicos- sobre los miembros de la organización permanecen en gran parte en el **inconsciente o incluso subconsciente.** Un gerente de planta o un responsable de turno los transfiere a los nuevos miembros de la organización a través de procesos de socialización implícitos.

En su investigación, Schein demostró claramente que, para una mejora duradera de la seguridad, debe ser necesario un cambio en la cultura organizacional. Eso implica que este cambio no puede limitarse a un cambio en los artefactos o teorías expuestas, sino que también requiere un cambio de los "supuestos básicos", que creemos incluyen valores internalizados.

Mi posición acerca de la internalización de estos supuestos incluye concientizar que todo accidente es prevenible, y que debemos creer firmemente en esa premisa. Si creemos que tener accidentes no es evitable estamos coexistiendo con una cultura permisiva de errores.

Las características de la cultura organizacional general, y más específicamente la presencia o ausencia de ciertos valores en las prácticas de la compañía, pueden ayudar u obstaculizar el desarrollo de una cultura de prevención.

Como desarrollé en mi libro Liderazgo y RSE, vuelvo a hacer hincapié en que la relevancia de los valores está muy relacionada con las creencias, limitantes y/o posibilitantes de los líderes.

Valores de la Cultura Organizacional

Salud en el lugar de trabajo

En varias teorías de la salud, el ambiente de trabajo social se considera un determinante de la salud y se reconoce cada vez más su relevancia en el comportamiento saludable o no saludable de los miembros de una organización. A su vez, el enfoque del "entorno de trabajo social" se centra en el entorno de la persona en riesgo, generalmente a nivel de equipos o departamentos.

En el reciente modelo de lugares de trabajo saludables de la Organización Mundial de la Salud, los valores se incluyen como un requisito previo importante para el éxito en las intervenciones de salud en el trabajo. Sin embargo, no especifican esos valores. La Red Europea para la Promoción de la Salud en el Lugar de Trabajo (ANCHO) enfatiza la importancia de la cultura organizacional, los principios de liderazgo y los valores como aspectos vitales de la promoción de la salud en el lugar de trabajo, nuevamente sin especificar los valores relevantes.

Seguridad laboral

La cultura de seguridad es un tema importante en la investigación y la práctica de la empresa. El enfoque ya no es sólo en medidas tecnológicas (elementos de protección personal) u organizativas (cumplimiento de normas). **El enfoque en la seguridad actual se centra en la cultura y el comportamiento humano**.

La curva de Bradley, en 1994 relacionó la dependencia, la independencia y la interdependencia como elementos relacionados a la aparición o disminución de accidentes de trabajo. Este tema también fue desarrollado ampliamente en mi libro "Líder y liderazgo en Safety. Hoy debemos profundizar en ratios de variables combinadas que incluyan muchos aspectos más, tales como condiciones ambientales, condiciones de entrenamiento, y decenas de habilidades blandas las cuales, por el carácter inherente de la ingeniería, no están hoy todas claramente puestas sobre la mesa de la conversación a nivel más macro.

Hay muchas definiciones diferentes de **"cultura de seguridad"** y el concepto relacionado de **"clima de seguridad"**. Una característica común importante de estas definiciones es **la conciencia** y **la percepción de los riesgos** de seguridad. Sólo algunas de estas definiciones se refieren explícitamente a los valores de riegos, muchas se refieren al tema estrechamente relacionado a las "creencias compartidas".

Hace pocos días asistí a la exposición del **Nacional Safety Council** de este año (2019), realizada en San Diego, California, a la cual concurrieron más de 14,000 personas pertenecientes a más de 70 países. Allí el 70% de las empresas presentaron productos relacionados con elementos de protección personal. ¿Por qué tanta importancia sobre esa problemática en particular? No pude evitar observar lo llamativo de este número. Y la respuesta es simple, pues es la problemática que controla OSHA y la que tiene mayores regulaciones. En el Nacional Safety Council (Consejo Nacional de Seguridad), me sorprendió encontrar muchos más referentes de elementos de protección personal que referentes de entrenamiento y liderazgo. También me resultaron de sumo interés los nuevos desarrollos de entrenamiento virtual, tema que describiré más profundamente en mi libro de Tendencias de Tecnologías Futuras.

Valores y bienestar en el trabajo

Los valores que respaldan HSW/HSE están vinculados al lado humano de la empresa, los cuales claramente son importantes para el bienestar en el trabajo.

Gestionar el respeto por las diferencias y la dignidad comienzan a ser valores indiscutibles en áreas de Diversidad e Inclusión, con el correspondiente traslado a todas las áreas de la organización. **El alto rendimiento está relacionado con el alto compromiso y el alto respeto por los demás.**

Es fácil determinar cuáles son los empleados que se encuentran enamorados y más vinculados a su trabajo y a la empresa, pues son aquellos que están más motivados y que aportan en realizan mayores aportes tendientes a generar altos rendimientos económicos.

Queda entonces claro que **trabajar bien no sólo es una imperativa moral, sino que también es buen negocio**, según todo lo antes expuesto y confirmado actualmente por la mayoría de los altos líderes de las multinacionales.

PARTE 2 ACCIONAR

Ejes del Accionar

Los ejes propuestos en este libro para la administración de equipos son:

- Pensar
- Accionar
- Decidir

Le llamo PAD. El pensar y el accionar incluyen todos, también el decidir. Decidir es una actividad transversal, pero la quiero destacar también como una tercera columna pues también la relaciono al medir.

En esta segunda parte destaco los métodos del accionar.

Métodos de análisis de valor

Al igual que la cultura organizacional en el modelo de Schein, entendemos que los valores son multicapa. Algunos factores de valor son *"valores esenciales"*; comparables a los *"supuestos básicos"* de Schein. Estos son potencialmente relevantes para la identidad de las organizaciones, y los seleccionamos como **valores centrales**.

Otros factores son *"expresiones de"* valores muy profundos, y pueden tener más en común con lo que

Schein llamó **"valores propuestos"** o **"artefactos"**. Por ejemplo, la interconexión se seleccionó como un valor central, mientras que el *"apoyo social"* se consideró como una expresión del mismo.

Validación

En mis talleres ayudo a analizar y dar acción a los valores corporativos para apoyar una cultura de HSE. Los participantes tienen el desafío de aclarar el significado de los valores centrales de las empresas a las que representan. En el caso de expertos independientes, tendrán el desafío de generar y desarrollar, en su propia empresa, una real cultura de HSE.

La siguiente tabla ofrece una visión general de resultados de investigadores de Salud, Seguridad y Bienestar. Todos los factores mencionados impactan en la seguridad y prevención de accidentes.

Tabla 1 Valores y factores potencialmente relevantes

Valor o factor cultural (orden alfabético)	Relevante para	Teoría o metodología / herramientas
Adaptabilidad	Salud /Resiliencia	Redefiniendo la salud/ Reingeniería de la resiliencia
Autonomía	Bienestar	Teoría de la autodeterminación
Colaboración	Salud Mental y Excelencia en los negocios.	Capital Social

Conectividad e interconectividad	Bienestar e identidad	Gestión de Recursos Humanos
Trabajo decente	Mejor trabajo y vida	Humanización del trabajo
Diversidad	Equidad y no discriminación	Gestión de recursos humanos
Balance Esfuerzo / Recompensa	Salud mental en el trabajo	Teoría de esfuerzo y recompensa
Empoderamiento	Aspectos psicosociales del trabajo y la salud	Gestión de recursos humanos
Equidad	Determinantes sociales de la salud	Salud pública
Comunicación Justa y abierta	Entendimiento mutuo, aceptación y aprendizaje.	Teoría del diálogo. Aprendizaje organizacional y ética en los negocios.
Confianza	Equidad de la salud	Determinantes sociales de la salud
Organización atenta	Seguridad & Resiliencia	Organizaciones de alta confiabilidad
Relaciones de alta calidad	Prosperidad en el trabajo.	Estudios organizacionales
Información	Cultura Segura	Seguridad
Investigando acciones interpersonales	Cambio organizacional deseado/	Diálogos Apreciativos/
	Mejor comprensión de problemas complejos/	Teoría del Diálogo/ Conversaciones socráticas/ Teoría U/ World Café.

	Aprendizaje Individual y organizacional/	
	Conversaciones con sentido	
Justicia	Seguridad/ Salud Mental	Cultura Segura/ Salud y Bienestar
Conciencia Organizacional Plena	Seguridad & Resiliencia	Organizaciones de alta confiabilidad
Participación	Intervenciones de gran escala	Desarrollo Organizacional
	Enfoque comunitario	Promoción de la salud
	Salud y Seguridad Ocupacional	Políticas de salud, seguridad y management
Reflexividad	Legislación moderna en gestión del riesgo	Legislación reflexiva
Resiliencia	Seguridad, gestionar lo inesperado, gente y organizaciones resilientes. Espacios de trabajo resilientes	Ingeniería de la resiliencia / Organizaciones de alta confiabilidad/ Management de Recursos Humanos/ Grupos y familias resilientes.
Respeto	Prevención del bullying (No discriminación)	Dignidad en el trabajo y empleo
Responsabilidad	Cuidado responsable	Responsabilidad Social Corporativa
Autoorganización	Intervenciones a gran escala/	Desarrollo organizacional / Autodirección comunicativa/ Teoría de la Autodeterminación.
	Desarrollo organizacional/ Motivación intrínseca	
Autorrealización	Necesidades humanas. Necesidades Humanas Básicas	Jerarquía de las necesidades/ Teoría de la autodeterminación
Creación de sentido	Bienestar	Creación de sentido

Inclusión Social	Bienestar	Acceso al empleo
Contención Social	Salud Mental	Trabajo Saludable
Involucramiento de los grupos de interés (Stakeholders).	Sustentabilidad	Responsabilidad Social Corporativa
Confianza	Aprendizaje de segundo orden/ Cultura Segura/ Fuente seguridad	Teoría U/ Aprendizaje Organizacional/ Dimensiones de una cultura segura/ Determinantes sociales de la salud / Capital Social

Participación / Educación

La participación y entrenamiento continuo son requisitos básicos en cualquier buena política y práctica de HSE. Aunque no existen certificaciones necesarias en liderazgo para responsables de planta y responsables de safety, **el desarrollo de entrenamiento de habilidades blandas debe ser considerada esencial para la reducción de accidentes.** Las organizaciones tripartitas, como la OIT, y la activa participación de los trabajadores en los programas de educación son fundamentales para la política de HSE.

Cuando hablamos de educar y capacitar, me resulta de suma importancia hablar también de la "Curva del olvido" de Hermann Ebbinghaus. Esta curva habla esencialmente de un aprendizaje eficaz. De su teoría se concluye que no sólo es importante la intensidad del recuerdo de ese aprendizaje sino el tiempo que se demora ese aprendizaje en ser aplicado. Ambas contribuyen a la incorporación u olvido de ese aprendizaje. Cuanto más intenso sea ese recuerdo y más rápidamente se utilice lo aprendido, más tiempo esa información se mantendrá en nuestro sistema. Un gráfico típico de esta curva muestra que normalmente la información que hemos aprendido se pierde si no es repasada o es utilizada en unos días o semanas. Invito a todos aquellos que sientan interés en la información arrojada por tan interesante curva a profundizar sobre ella.

Finalmente quiero mencionar una actividad que rara vez escucho nombrar en las organizaciones y empresa, plantas y fábricas, pero que en mi experta opinión es claramente necesaria: el **shadow mentoring**, es decir, el mentoring en la sombra. Se denomina **mentor a una persona que se desenvuelve como un maestro, un consejero o un guía de otra persona.** Esto se da cuando una persona trabaja a la sombra de alguien más senior para aprender así en la práctica el trabajo. Si bien es una actividad común, pocas veces es formalizada y pocas veces se define como una actividad de entrenamiento formal.

Confianza

En la literatura, hay mucha evidencia de que la confianza es importante para las relaciones humanas y encontramos miles de referencias al significado específico.

Pero en el trabajo, el concepto de confianza varía. En cientos de discusiones y manuales se aborda el tema de la **confianza mutua.**

- la confianza entre los empleados y altos ejecutivos
- la confianza entre los equipos de compañeros de trabajo y la relevancia de la confianza para la cultura de seguridad en general
- la confianza de los trabajadores en la eficacia de los sistemas de seguridad y en la capacidad de seguridad entre pares
- confianza en la comunicación de la gestión de la seguridad

- la confianza entre los trabajadores y la dirección
- la confianza en los supervisores

En resumen, la confianza mutua es un elemento de apoyo social emocional y es condición previa para la implementación de intervenciones, y cambio organizacional.

Pero ¿cómo desarrollar confianza? Un factor de valor relacionado es el respeto. Existe también literatura que señala que **demasiada confianza puede tener efectos negativos, especialmente para la seguridad**. Demasiada confianza en, por ejemplo, la eficacia de los sistemas de seguridad, las reglas de seguridad y la capacidad de los gerentes para gestionar la seguridad, etc., puede disminuir el estado de alerta y la reflexión crítica, lo que puede conducir a situaciones inseguras, especialmente en situaciones no rutinarias.

Sostendré a lo largo de mi colección de libros y talleres que **la confianza** como concepto debe **virar de ser un <u>sustantivo</u> a ser un <u>verbo</u>: CONFIAR**. Y ese verbo sólo se puede evaluar a través de las comunicaciones y las posteriores mediciones. Todo el universo académico se esfuerza por establecer referencias a la confianza, pero sólo los verdaderos líderes saben desarrollarla. ¿Y cuál es el elemento que tienen en común los verdaderos líderes y los estadistas? **Las comunicaciones claras, efectivas y oportunas.**

Una mala comunicación puede producir un **38%** de malentendidos, según se manifiesta en la cita de Susan Berkley en figura en mi libro de Liderazgo en Safety. Sí, 38%.

La eficiencia la pueden enumerar todas las personas del área de finanzas, ellos conocen claramente cuando la empresa pierde o gana dinero. ¿Y ser oportunos? Esto es un atributo de los líderes y responsables de plantas. Sólo ellos saben cuándo es el mejor momento para informar, comunicar, y capacitar.

Decir que es difícil medir la confianza es una creencia limitante basada en mandatos o estereotipos de poca claridad.

La confianza se mide a través de su accionar, a través del grado de solidaridad y compañerismo de los miembros de una comunidad. Donde hay confianza hay capital social. Sólo las buenas comunicaciones la pueden establecer. Pero deben ser coherentes, es decir debe coincidir "el decir" con "el hacer". De nada sirve una buena estrategia de comunicación si luego, en los hechos, los que deben dar el ejemplo se comportan como si desconocieran o ignoraran las normas a pesar de mantener esa comunicación clara. Eso quiebra la confianza en los grupos y pone en riesgo a los empleados.

Confianza es un valor que se desarrolla en las comunicaciones. Cuanto más claras y continuas son las comunicaciones, la confianza se incrementa.

La ausencia o interrupción de comunicaciones genera desconfianza.

Para analizar un índice de confianza en la empresa les recomiendo hacer un análisis de comportamientos de comunicaciones escritas analizando cuáles han sido contestadas, desarrolladas, descriptas.

Se puede desarrollar por el análisis de textos utilizados en encuestas, carteleras, discursos, normas, evaluaciones, y todo tipo de comunicación la cual podamos analizar.

Las comunicaciones orales también pueden ser analizadas según su aparición y registro.

Justicia

En la literatura sobre cultura de seguridad, la justicia es vista como un prerrequisito importante.

La justicia, tanto procesal como distributiva, también se considera un determinante de la salud mental en el trabajo.

Si las personas no reciben un trato justo, podrían frustrarse o estresarse fácilmente o tener sentimientos de agotamiento. Los factores de valor relacionados son: el trabajo decente, la diversidad, la equidad, el esfuerzo y el equilibrio de recompensas, y la inclusión social.

Responsabilidad

El concepto de **responsabilidad está vinculado con el de "cultura de prevención"**, a través del concepto estrechamente relacionado de "Responsabilidad social Empresaria". Ese vínculo con la ética empresarial se halla desarrollada ampliamente a lo largo de este libro.

Los factores de valor relacionados son la comunicación abierta o la transparencia y la participación de los interesados.

Desarrollo y crecimiento

Tanto para las organizaciones como para las personas, el desarrollo y el crecimiento son importantes.

Para las organizaciones, **esto implica la búsqueda del crecimiento económico y las economías de escala, así como la innovación.**

Para los individuos, el desarrollo y el crecimiento personal son importantes para realizar su potencial y para la autorrealización; la cual está considerada como una necesidad humana.

Los factores de valor relacionados son: **la información, las acciones interpersonales, la reflexividad y la autorrealización.**

Resiliencia

La resiliencia de organizaciones e individuos es sumamente importante para su funcionamiento, desarrollo e incluso supervivencia en condiciones adversas.

Es especialmente relevante en contextos complejos, donde no todas las condiciones adversas se pueden prever y prevenir, lo que implica la importancia para "manejar lo inesperado".

En la literatura sobre gestión de recursos humanos, la importancia de la alineación psicológica de los valores y objetivos individuales y organizacionales se enfatiza como fundamental para la resiliencia organizacional, así como para el bienestar individual. Los factores de valor relacionados son: **la adaptabilidad, el mindfulness organizacional y el sentido.**

No es por nada a mi empresa la llamé *Resiliere*. Resiliere es la palabra que para mí sintetiza todo aquello que quiero transmitir en mis textos, conferencias, y talleres.

El significado estratégico de los valores fundamentales

Muchas empresas hoy en día ya han definido sus valores fundamentales.

Desde el punto de vista estratégico, los **valores fundamentales sirven para definir y desarrollar su "identidad corporativa"**. Para los altos directivos, los valores centrales son de suma importancia ya que son éstos los que los guían en sus decisiones estratégicas.

La literatura y las partes interesadas / expertos involucrados en nuestros talleres sugieren que los valores centrales identificados ayudan tanto a aumentar el significado estratégico de HSE para las organizaciones como así también para fortalecer el compromiso de toda la organización, desde la alta dirección hasta los empleaos sin empleados a cargo.

Los valores centrales identificados forman enlaces cruzados importantes entre las áreas a menudo separadas de RSE. El impacto directo de los valores fundamentales en las personas, individual o colectivamente, se describe principalmente en la literatura sobre los determinantes sociales de la salud e incluye la experiencia de ser valorado y respetado individualmente. Pero también como un miembro del equipo y de la organización, haciendo un "trabajo significativo" y estar inspirado, motivado y comprometido a través de la alineación de los objetivos individuales y organizacionales.

En la práctica, RSE influye en desarrollar mejores condiciones organizacionales o entorno social, lo cual impacta en una mejor gestión de HSE, especialmente en lo que a seguridad (safety) se refiere.

Como ya vimos extensamente, los valores centrales tienen un profundo impacto en la organización y sus miembros. El impacto de los valores centrales compartidos se aborda ampliamente en la literatura de gestión, a menudo refiriéndose al conocido "modelo Seven S" de los consultores de gestión McKinsey.

Los tres grupos de valores centrales no son completamente independientes. Existe una relación significativa entre **justicia y confianza**, que se describe ampliamente en la literatura de seguridad y en la literatura más general, a menudo en su expresión negativa: **la injusticia conduce a una mala comunicación y desconfianza.**

En el siglo pasado hubo importantes "escuelas de pensamiento" inspiradas en la búsqueda de lo que entonces se llamó "humanización del trabajo". Posteriormente, los enfoques racionales dominaron el pensamiento sobre la salud y la seguridad. Recientemente, se ha renovado la atención sobre lo que ahora se llama "ética empresarial", así como un llamado más amplio a enfoques sostenibles y orientados al ser humano.

En la gestión de recursos humanos, se afirma que alinear los valores y objetivos de las organizaciones con los objetivos y valores de los empleados es clave para crear organizaciones que puedan caracterizarse como organizaciones de "Alto Compromiso y Alto Rendimiento".

Esto sugiere que los valores centrales que respaldan RSE/HSE también pueden funcionar como "recursos organizacionales" que pueden complementar los recursos laborales y personales en la generación del compromiso laboral y alto rendimiento.

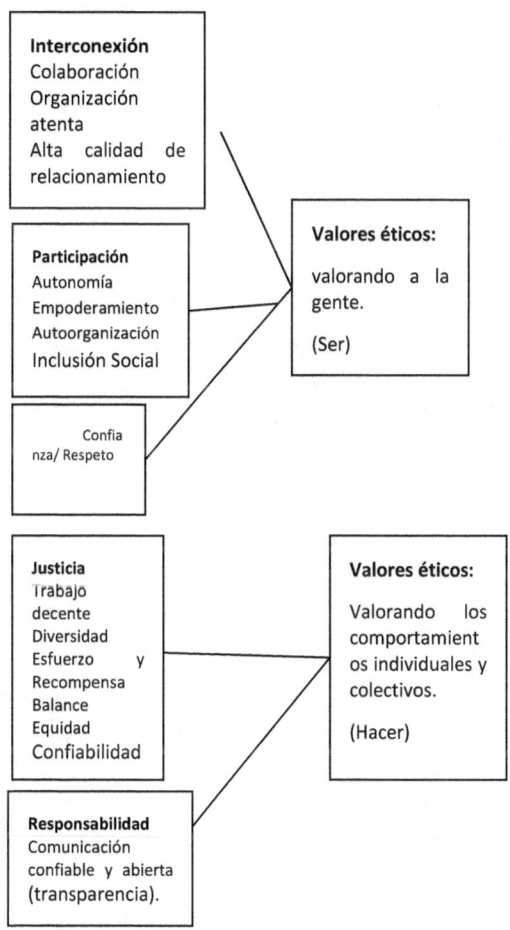

Es mi profundo deseo que los valores centrales que apoyan HSE en impulsar el desarrollo de un mundo sustentable y sostenible sean aceptados por toda la comunidad mundial. Así, juntos, logremos descubrir la verdadera relevancia e impacto que tendrá en la vida de todos los habitantes la "humanización del traba

En mis talleres sobre Valores se trabaja intensamente sobre aquellos valores centrales que provienen de "arriba" y no se internalizan fácilmente como propios. Según la experiencia de los participantes de los talleres, éstos a menudo siguen siendo vagos, indefinibles y sin consecuencias normativas y de comportamiento para los gerentes y el personal. En tales casos, no tienen efecto en las prácticas internas y tienen poco o ningún impacto en HSE.

También promuevo en mis talleres prácticas donde la mitad de los valores centrales son definidos desde los documentos de la alta gerencia y la otra mitad son definidos desde los empleados / gerencias medias.

Para uso interno, recomiendo recolectar información muy valiosa que se obtiene asociando cada valor central con un conjunto limitado de "palabras clave". De esta manera, cada palabra clave se traduce en orientación para el comportamiento deseado. Para ello recomiendo el uso de encuestas y el armado de nubes de términos con las palabras utilizadas. Estas pautas de comportamiento que se dejan ver a través de las encuestas y las nubes de palabras deben comunicarse internamente de manera amplia a través de los medios de comunicación de la compañía, donde debe haber espacio para opiniones y experiencias personales.

Las pautas de comportamiento también son aportadas por conversaciones significativas iniciadas en diferentes eventos de diálogo. De esta manera, los valores centrales definidos de abajo hacia arriba logran un aporte para el comportamiento de los líderes ya que todo el conjunto de valores centrales recibe mucha credibilidad y propiedad durante el trabajo realizado en el taller.

Es muy importante tener constantemente en cuenta que los valores compartidos no pueden sólo planificarse y desplegarse. No se trata simplemente de hacer una declaración o implementar un instrumento. La mayoría de las personas deben "vivir" los valores centrales y confirmarlos en las interacciones sociales para internalizarlos como "valores compartidos". Por eso también los valores empresariales deben combinarse con los valores de la población activa. Luego, al final, los valores centrales pueden convertirse en la brújula ética para todos los miembros de la organización, en beneficio de RSE/HSE, el desempeño comercial y la sociedad en general. Todos y cada uno de estos conceptos y herramientas son profundizados y trabajados en mis cursos y talleres.

En la tabla que figura a continuación, se presentan algunos ejemplos de cómo los valores centrales identificados en talleres pueden hacerse concretos y tangibles con los ejemplos de comportamiento deseados.

Tabla de la traducción de los valores fundamentales de salud, seguridad y bienestar en los comportamientos deseados

Valores centrales	Ejemplos de palabras claves asociadas	Ejemplos de comportamiento, asociado con palabras claves
Interconexión	Apoyo social	Buen trabajo en equipo. Apoyo de los managers y colaboradores
Participación	Todos contamos	Hacer uso de la motivación intrínseca y conocimiento tácito de los trabajadores. Enfoque en las capacidades de las personas, no en los problemas.
Confianza	Disponibilidad Personal	Cometer errores es aceptable siempre que aprendamos de ellos. Ser consistentes en las acciones y en las palabras que usamos.
Justicia	Cultura libre de culpas	Reportar incidentes es alentado (no culpabilidad) No disparar al mensajero que señala situaciones peligrosas.

Responsabilidad	Orientación futura	Tomar siempre impactos a largo plazo Desarrollar valores económicos éticos y sustentables.			
Desarrollo y crecimiento	Desarrollo Personal	Desarrollar nuevas competencias y habilidades, aprendiendo sobre el trabajo.			
Resiliencia	Anticipación	Anticipar lo inesperado Estar preparado para adaptarse prontamente a situaciones cambiantes.			

Medio ambiente y sostenibilidad

Cuadro 1 Estándares globales que se reflejan como normas emergentes en temas de sustentabilidad. Fuente: Agenda RSE- Un viaje hacia la Responsabilidad Social y la Sustentabilidad.

Ejemplos de Estándares Globales que reflejan normas emergentes S2QE3LCH2	Seguridad Social	Calidad	Medi Ambiental Económica & Ética	Laboral	Carbón/ Clima	Salud - Derechos Humanos
OHSAS 18001 (ahora ISO 45001), ISO 9001, 14067, 14001, 50001	X	X	X	X	X	X
UN Global Compact			X	X		X
OCDE Guidelines for Multinational	X		X	X		X

Enterprises						
UN Business & Human Rights						X
S.A.8000						X
Informe GRI	X		X	X	X	X
Informe Integrado IIRC	X		X	X	X	X

Como evolución a estándares tales como el GRI, en el año 2010 aparece la tendencia del informe integrado que está comenzando a ser aplicado en la mayoría de las organizaciones internacionales.

El Consejo Internacional de Informes Integrados

El Consejo Internacional de Informes Integrados (IIRC por sus siglas en inglés) es una coalición global de inversores, empresas, reguladores de estándares, emisores de normas, profesionales contables y organizaciones no gubernamentales (ONGs). En conjunto, esta coalición comparte la visión de que **la comunicación de la creación de valor debería ser el próximo paso en la evolución de la elaboración de informes corporativos.** El Marco Internacional (IR) ha sido desarrollado para responder a esta necesidad y sentar los cimientos para el futuro.

El 14 de noviembre del 2013, en el Seminario "Estado del arte y tendencias en Informes de Sustentabilidad: GRI G.4. e Informes Integrados (IIRC)", en la universidad San Andrés de Argentina, organizado por el Centro de Innovación Social (CIS) junto con el Consejo Empresario Argentino para el Desarrollo Sostenible (CEADS), se presentaron en Argentina las primeras críticas al informe tradicional por parte de la consultora PWC. En él se concluyó que el mundo había cambiado y los informes también deberían hacerlo, dado que el componente de valor de las empresas está formado por tangibles e intangibles.

Según la Consultora, el modelo de informe actual pertenecía a la era de la revolución industrial y recogía poca información sobre la creación de valor. Asimismo, agregó que las complejidades produjeron parches a los informes tradicionales, así como también nuevos informes aislados de sostenibilidad.

Este escenario cambiante trajo a la luz temas globales sistémicos sobre los que se requiere nueva información, como cambios demográficos, de medioambiente, tecnología y estructuras socioeconómicas, lo que crea también nuevos temas globales muy relevantes para los negocios, como son la desintegración de carreras, el outsourcing, el offshoring, los nuevos canales, los recorte de costos, el ciclo de vida de los productos/servicios y las cadenas de suministro complejas. Pero nunca olvidemos que **los riesgos también plantean oportunidades de cambio para quienes saben verlas**.

Asimismo, informes de Standard & Poor's mostraban que los balances contables informaban cada vez menos el valor de mercado, dado que no reflejaban el valor de los activos intangibles. Según un informe de Ocean Tomo, "Annual Study of Intangible Asset Market Value," (Estudio Anual del Valor de Mercado de Bienes Intangibles), 2015, http://www.oceantomo.com/2015/03/04/2015-intangible-asset-market-value-study/, en el 2015 **el 84% estimado del valor de una empresa estaba representado por los valor de los activos intangibles, mientras que solo un 16% por los tangibles.**¡¡¡Si!!! El 84%.

Entonces, ¿de qué está conformado ese 84%? De las **interdependencias** tales como estrategia y riesgo, resultado financiero y no financiero, gobernanza y desempeño, performance de la cadena de valor respecto a la propia, las cuales no son "numéricamente valuadas" por los informes anteriores. A su vez, los inversionistas reconocen la importancia de los temas no financieros, pero sienten que la información que reciben acerca de esos temas no es adecuada para realizar una informada toma de decisiones.

Sabemos que no es suficiente con sumar información aislada para crear información de valor. Esta se debe conectar. El tipo y la forma de información que se pone a disposición de los Stakeholders tiene un impacto fundamental en su proceso de decisiones. Lamentablemente, en muchas ocasiones hay informes confusos, fragmentados, información desconectada, ausencia de algunos temas claves, y excesiva extensión sobre temas de poca relevancia.

Es por todo lo antedicho que se hizo necesaria una acción internacional coordinada para analizar nuevamente cuál información será necesaria para representar en forma clara y concisa el desempeño, los impactos y su interdependencia.

A través del concepto de Informe Integrado, se construye un único informe corporativo en el que se integra información material sobre una organización, su estrategia, gobernanza, performance y se refleja el contexto comercial, social y ambiental en el que opera. Los informes integrados combinan diferentes tipos de informes (financiero, de gestión corporativa, gobernanza y remuneración, y de sustentabilidad) en un todo coherente que explica la habilidad de la organización para crear y mantener valor.

"Muchos Stakeholders están interesados en Informes Corporativos de alta calidad; una economía sostenible depende de un flujo de información precisa y relevante a los inversores que posibilite una asignación eficiente y productiva de capital" (Fuente: Capturing the experiences of global businesses and investors, Integrated Reporting).

En el 2013 se implementó un programa cuyo objetivo consistió en establecer un marco en el que empresas e inversores pudieran intercambiar experiencias y crear las condiciones propicias para la adopción del IR en los próximos años.

En el siguiente listado se muestran los principios claves dentro del concepto "Integrated Reporting", (Informe Integrado)

- Visión a Futuro
- Contexto Operativo, incluyendo riesgos y oportunidades
- Objetivos Estratégicos
- Performance
- Gobernanza y remuneración
- Visión organizacional y modelo de negocio

Todo aquello dentro de un enfoque estratégico, con información conectada, orientación de futuro, nivel de respuesta e inclusión de los grupos de interés, conciencia, disponibilidad y materialidad.

Liderazgo, visión estratégica de negocio y confianza de los grupos de interés, pregonan ser los principales beneficios de un informe integrado, algo que coincide con los valores anteriormente mencionados en safety en este libro y que trabajo en profundidad en mis talleres de capacitación para organizaciones de todas las áreas y para todos sus niveles organizacionales.

En este momento el IR se presenta como la solución complementaria al momento de reportar informes del GRI en sus versiones superadas de G.3 y G.4. y HSE. El Center for Safety & Health for Sustainability (Centro de Sustentabilidad de la Seguridad y la Salud) ha escrito cartas con aportes al IIRC desde el 2011 de manera de influir en el informe en temas de sustentabilidad.

En definitiva, la conclusión más importante para nosotros es la relevancia que está teniendo la medición de activos intangibles, entre los cuales se encuentran la salud y la seguridad de todos los integrantes de la cadena de valor de una empresa.

PARTE 3 MEDIR

Principio general en la frase de Peter Drucker, "lo que se mide se gestiona".

¿Por qué medir?

Hay que medir porque, como infiere Peter Drucker, lo que no se puede medir no se puede gestionar. Y la RSE es fundamentalmente un proceso de gestión.

La medición de la RSE se realiza por medio de informes que las mismas empresas realizan internamente o por medio de expertos consultores o a través de la suma de las noticias acerca de cuestiones vinculadas con ellas.

Para medir bien, necesitamos las adecuadas herramientas. En RSE las herramientas básicas y mínimas de medición son las normas. Una de las normas más conocidas para medir ha sido la SA8000, pero esta se vio superada por la norma ISO y el Proyecto ISO 26000 y la ISO/TC 260 del Comité técnico para la Gestión de los Recursos Humanos, creado en 2011. Veamos ahora entonces algunas de esas herramientas en detalles.

Herramientas de medición

Center for Safety & Health Sustainability.

(Centro de Sustentabilidad de la Seguridad y la Salud)

https://www.centershs.org/

En 2011 se lanza oficialmente el Center for Safety & Health Sustainability.

CSHS brinda a más de 100,000 profesionales de seguridad y salud ocupacional en más de 70 países una voz más fuerte en la configuración de políticas de sostenibilidad. CSHS es una organización sin fines de lucro comprometida con el avance de la seguridad, la salud y la sostenibilidad del lugar de trabajo global, y se estableció para **crear conciencia sobre el hecho de que una organización sostenible tiene que garantizar condiciones de trabajo seguras y saludables para sus empleados y contratistas.**

Como ya dijimos, en muchas organizaciones la seguridad y salud en el trabajo recibe muy poca atención o de forma inadecuada.

Según la Organización Internacional del Trabajo, más de 2 millones de personas mueren a causa de accidentes laborales o enfermedades relacionadas con el trabajo cada año. Además hay más de 370 millones de lesiones relacionadas con el trabajo, lo cual implica 4 días de absentismo laboral y un costo del 3.94 por ciento del producto bruto interno global cada año (https://www.ilo.org/global/topics/safety-and-health-at-work/lang--es/index.htm)

La visión del CSHS es que todas las organizaciones reconozcan y actúen sobre el valor de la seguridad, salud y bienestar ocupacional como parte de sus prácticas comerciales sostenibles.

Sus objetivos son:

- Proporcionar una voz fuerte y un liderazgo

integral para la seguridad y la salud en la configuración de las políticas de sostenibilidad.
- Educar a la comunidad empresarial sobre la importancia de la seguridad y la salud como parte del buen gobierno corporativo y la responsabilidad social corporativa / sostenibilidad.
- Brindar nuevos conocimientos sobre la medición, la gestión y el impacto de la sostenibilidad de la seguridad y la salud.
- Ser líder de pensamiento reconocido para la sostenibilidad y la responsabilidad social corporativa.

Sustainability Accounting Standard Board

https://www.sasb.org/

El Sustainability Accounting Standard Board, es el Consejo de **normas de contabilidad de sostenibilidad** que se fundó también en 2011 con ese fin; "**lo que se mide se gestiona**".

El objetivo de SASB es integrar sus estándares en el **Formulario 10-K** que deben presentar las compañías públicas ante la Comisión de Bolsa y Valores de los Estados Unidos. En este sentido, difiere de iniciativas como el GRI anteriormente mencionado al trabajar dentro del sistema actual de regulación financiera.

¿Quiénes deben formular un 10K? Toda empresa, pública o privada, con más de 10 millones de dólares en activos y más de 2,000 accionistas.

El objetivo de SASB es satisfacer la necesidad de estándares de informes específicos de la industria, para

facilitar la comparación y la evaluación comparativa. Para hacerlo, se ha diseñado un Sistema de Clasificación de Industria Sostenible que cubre 10 sectores y más de 80 industrias. A partir del cuarto trimestre de 2012, los grupos de trabajo específicos de la industria se reunieron para alcanzar el objetivo de completar los estándares dentro de dos años y medio. Los indicadores clave de rendimiento se actualizan anualmente. Se reconoce que establecer lo que no es material en la información, que es fundamentalmente **no financiera**, es complejo.

Los inversores reconocen cada vez más que los factores ambientales, sociales y de gobernanza (ESG) pueden afectar la capacidad de una empresa para gestionar el riesgo y ofrecer un rendimiento financiero a largo plazo. Como tal, muchos inversores utilizan la información de ESG para **desarrollar** una visión integral del desempeño de la empresa y para ayudar a **evaluar** el valor de esta al largo plazo.

Los inversores pueden desempeñar un papel importante en la mejora de la efectividad de la divulgación al esperar que las empresas divulguen el desempeño en factores ESG materiales y al participar en el desarrollo de estándares de divulgación. En consecuencia, SASB ha creado un Grupo Asesor de Inversores (IAG). El IAG comprende los principales propietarios de activos y administradores de activos que están comprometidos a mejorar la calidad y la comparabilidad de la divulgación relacionada con la sostenibilidad a los inversores, y representa un total combinado de más de $ 21 billones de activos administrados (AUM).

Incidentes de Accidentes Laborales

https://injuryfacts.nsc.org/

Para el entendimiento de lesiones, accidentes de trabajo y fatalidades recomendamos el estudio de Incidentes de Accidentes Laborales, una **base de datos confeccionado por la organización de Seguridad Nacional de los Estados Unidos (Safety Council).**

En este sitio de internet podremos observar **la colección, análisis y datos de estadísticas de prevención de accidentes y fatalidades**. Se encontrarán datos de frecuencia de accidentes, costos y análisis por edad, origen y característica masculino/femenino.

En mis talleres enfatizo y trabajo en profundidad el concepto de que en matemáticas **todos los números indican una tendencia**. De esta manera, métricas de un país pueden servir para otros países y regiones si consideramos las varianzas del impacto local. A nivel mundial enfatizo la importancia de la educación cultural, pues muchos malentendidos se producen al mezclar comunicaciones en varios idiomas costumbres.

Normativas

OHSA – Administración de Seguridad Y Salud Laboral

(Occupational Safety and Health Administration)

https://www.osha.gov

ISO – Organización Internacional de Estandarización

(International Organization for Standardization)

https://www.iso.org

Dentro de los estándares mencionados, las más vinculadas a la seguridad dentro de una organización fue la OHSAS, Serie de Evaluación de la Seguridad y Salud Laboral), (Occupational Health and Safety Assessment Series). Ella se refiere a una serie de especificaciones sobre la salud y seguridad en el trabajo materializadas por la Organización de Estándares de Gran Bretaña, (British Standards Institution) (BSI) en la OHSAS 18001 y OHSAS 18002. Esta fue reemplazada por una norma de la serie ISO. Se la llama ISO por sus siglas en Inglés International Organization for Standardization.

La norma internacional ISO 45001 para la salud y la seguridad en el trabajo (OH & S) se publicó el 12 de marzo de 2018 y está destinada a transformar las prácticas laborales en todo el mundo. Se pensó en su momento en una ISO 18000, pero por su dificultad de homogeneización entre los diferentes países se abandonó la idea. La ISO 45001 sustituye a la OHSAS 18001.

Todos los días se pierden miles de vidas debido a accidentes laborales o enfermedades fatales vinculadas a actividades laborales. Estas son muertes que podrían y deberían haberse evitado, y deben ser evitadas en el futuro. ISO 45001 tiene como objetivo ayudar a las organizaciones a hacer precisamente eso.

Aquí, Kristian Glaesel, Coordinador del grupo de trabajo que desarrolló el nuevo estándar, juntamente con Charles Corrie, secretario de ISO PC 283, nos cuentan en la editorial ISO Focus cómo el nuevo estándar traerá seguridad a la línea del frente. *"Si usted es un empleado, un gerente o un dueño de un negocio, comparte un objetivo común: no quiere que nadie salga lastimado en el trabajo. La productividad mejorada se deriva de garantizar que las personas operen en lugares de trabajo que brinden* **transparencia** *y generen* **confianza** *a lo largo de su operación y cadena de suministro. Además, las prácticas responsables son cada vez más importantes para las marcas y su reputación".*

ISO 45001 es el nuevo estándar ISO para salud y seguridad ocupacional (OH&S). Se ha convertido en uno de los estándares más esperados del mundo y está destinado a mejorar drásticamente los niveles de seguridad en el lugar de trabajo.

Dado que ISO 45001 se convertirá en parte de la norma comercial, independientemente de si las organizaciones eligen adoptarlo o no, es importante que las empresas se mantengan al tanto de los últimos desarrollos.

¿Qué es ISO 45001?

¡ISO 45001 es un hito! Es la **primera norma internacional del mundo que se ocupa de la salud y la seguridad en el trabajo.** ISO 45001, Sistemas de gestión de seguridad y salud ocupacional: requisitos con orientación para el uso, ofrece un marco único y claro para todas las organizaciones que desean mejorar su desempeño en S y SO. Está dirigida a la alta dirección de una organización, y su objetivo es proporcionar un lugar de trabajo seguro y saludable para empleados y visitantes. Para lograrlo, es crucial controlar todos los factores que pueden provocar enfermedades, lesiones y, en casos extremos, la muerte, al mitigar los efectos adversos sobre la condición física, mental y cognitiva de una persona, e ISO 45001 cubre todos esos aspectos.

Si bien ISO 45001 se basa en OHSAS 18001, el antiguo punto de referencia para OH&S, es un estándar nuevo y distinto, no una revisión o actualización, y se debe implementar gradualmente en los próximos años. Por lo tanto, las organizaciones deberán revisar su pensamiento actual y sus prácticas laborales para mantener el cumplimiento de la organización.

¿Cuáles son las principales diferencias entre OHSAS 18001 e ISO 45001?

Existen muchas diferencias, siendo la principal que **ISO 45001 se concentra en la interacción entre una organización y su entorno empresarial**, mientras que **OHSAS 18001 se centró en la gestión de los riesgos de SST y otros problemas internos.** Los estándares también divergen de muchas otras maneras:

- ISO 45001 está basado en procesos - OHSAS 18001 está basado en procedimientos.
- ISO 45001 es dinámico en todas las cláusulas; OHSAS 18001 no lo es.
- ISO 45001 considera tanto el riesgo como las oportunidades: OHSAS 18001 se ocupa exclusivamente del riesgo.
- ISO 45001 incluye las opiniones de las partes interesadas - OHSAS 18001 no.

Estos puntos representan un cambio significativo en la forma en que se percibe la gestión de la salud y la seguridad (OH&S por sus siglas en inglés). Y este cambio es coherente con un nuevo modelo de gestión en el que las empresas tienen cada vez más diálogo con el entorno.

Ya no se trata de gestionarse como un "autónomo", sino de dirigir una organización sólida y sostenible. Dicho esto, **aunque los dos estándares difieren en su enfoque, un sistema de gestión establecido de acuerdo con OHSAS 18001 será una plataforma sólida para migrar a ISO 45001.**

Estoy certificado por OHSAS 18001. ¿Cómo comienzo la migración?

Al migrar desde OHSAS 18001, se deben tomar varios pasos para "preparar el terreno", por así decirlo, antes de que se pueda establecer el nuevo sistema de gestión. Si sigues la secuencia a continuación, estarás en camino:

- Realice el análisis de las partes interesadas (es decir, aquellas personas u organizaciones que pueden afectar o ser afectadas por las

actividades de su organización), así como los factores internos y externos que podrían afectar el negocio de su organización. Luego pregúntese cómo se pueden controlar estos riesgos a través de su sistema de gestión.
- Establezca el alcance del sistema, mientras considera lo que su sistema de gestión está configurado para lograr.
- Utilice esta información para establecer sus procesos, su evaluación / evaluación de riesgos y, lo más importante, para establecer los indicadores clave de rendimiento (KPI) para los procesos.

Una vez que haya adaptado todos los datos a las herramientas de OHSAS 18001, puede reutilizar la mayoría de lo que ya tiene en su nuevo sistema de gestión. Entonces, si bien el enfoque es bastante diferente, las herramientas básicas son las mismas.

Quiero recordar que la fecha límite para la migración, marzo de 2021. Luego de esa fecha caen los certificados OHSAS 18001. Es conveniente hacer la actualización a ISO 45001 ahora, puesto que se armoniza con ISO 9001 e ISO 14001 en sus últimas versiones. Solicitar auditorias integradas de todos los sistemas de gestión es lo más recomendable.

¿Qué debo saber si soy nuevo en ISO 45001?

La respuesta depende de cuánto sepa sobre los sistemas de gestión ISO.

ISO 45001 adopta el Anexo SL, compartiendo así una estructura de alto nivel (HLS), textos centrales idénticos y términos y definiciones con otras normas del sistema de gestión ISO recientemente revisadas como ISO 9001: 2015 (gestión de calidad) e ISO 14001: 2015 (gestión ambiental)

Si ya está familiarizado con el marco común, gran parte de ISO 45001 le parecerá familiar y solo tendrá que llenar los "vacíos" en su sistema.

Si este no es el caso, las cosas podrían ser un poco más complicadas. El estándar no es fácil de entender cuando se leen como un libro. Es imperativo que se entiendan todas las interconexiones entre las cláusulas específicas. Mi mejor consejo es encontrar un buen **curso de capacitación** para ayudarlo a desbloquear todo el potencial del estándar y contratar **servicios de consultoría profesional especializada** para ayudarlo en el proceso.

Tengo un sistema integrado certificado por ISO 9001 e ISO 14001. ¿Cómo se puede usar ISO 45001 con otros sistemas de gestión?

El marco común de ISO (el HLS mencionado anteriormente) para los estándares del sistema de gestión se desarrolló deliberadamente para facilitar la integración de nuevos temas de gestión en los sistemas de gestión existentes de una organización.

Por ejemplo, ISO 45001 se basa bastante estrechamente en ISO 14001, ya que somos conscientes de que muchas organizaciones combinan internamente sus funciones ambientales y de SST.

¿Cómo se utilizará ISO 45001?

Prevemos que la mayoría de las organizaciones utilizarán ISO 45001 para establecer un sistema de gestión de S y SO efectivo, y solo unas pocas querrán el reconocimiento adicional que viene con la certificación.

No hay ningún requisito para certificar un estándar de sistema de gestión ISO. El simple hecho de contar con un sistema de gestión formal traerá muchos beneficios propios mediante la aplicación de las mejores prácticas. La certificación es simplemente un respaldo adicional que demuestra a las partes externas que su empresa ha logrado el pleno cumplimiento de un estándar específico, lo que tampoco digamos que es poca cosa.

Es importante también saber que los beneficios de ISO 45001 son ilimitados cuando se implementan correctamente. Si bien la norma requiere que se aborden y controlen los riesgos de S y SO, también adopta un enfoque basado en el riesgo para el sistema de gestión de S y SO en sí mismo para, de esa manera, garantizar que sea eficaz y que se mejore continuamente para cumplir con el "contexto" cambiante de una organización.

ISO 45001 también garantiza el cumplimiento de la legislación vigente en todo el mundo. Todas estas medidas combinadas pueden establecer la reputación de una organización como un "lugar seguro para trabajar", brindando una gran cantidad de beneficios complementarios, desde reducir los costos de seguro hasta mejorar la moral de los empleados, todo mientras se siguen cumpliendo sus objetivos estratégicos.

Objetivos de desarrollo sostenible a los que contribuye la ISO 45001: 2018

La ISO 45001 contribuye a los siguientes ODS:

Salud y Bienestar (Good Health and Wellbeing)

El acceso a una atención médica de calidad es un derecho humano esencial. ISO tiene numerosos estándares que respaldan prácticas y equipos médicos seguros y de calidad que ayudan a los proveedores de atención médica a brindar un servicio más confiable y efectivo.

Estos incluyen estándares sobre métodos de esterilización, dispositivos médicos, implantes e instrumentos quirúrgicos, informática de salud y productos relacionados, entre otras áreas de enfoque. Ejemplos notables son la serie ISO 11137 para la esterilización de productos sanitarios por radiación y la ISO 7153 sobre materiales para instrumentos quirúrgicos.

ISO también desarrolla estándares para ayudar a los gobiernos locales a promover la salud y el bienestar en sus comunidades, como lo es el Acuerdo internacional de talleres IWA 18, el Marco para servicios integrados de salud y atención de por vida en comunidades de edad avanzada, e ISO 37101 para el desarrollo sostenible de comunidades.

IWA 18: 2016 proporciona pautas para abordar los desafíos que enfrentan las sociedades que no han podido adaptarse a una población que envejece. También puede ser utilizado por las partes interesadas como una referencia útil a nivel regional o global.

IWA 18: 2016 aborda desafíos de salud, atención y sociales (incluidas las necesidades de atención médica, las tareas de la vida diaria, el bienestar, la lucha contra el aislamiento y la seguridad) para garantizar que las necesidades de las personas continúen siendo satisfechas a medida que envejecen. También describe los principios relacionados con la ética, las soluciones basadas en la comunidad, la integración, las soluciones centradas en la persona y la innovación.

ISO 37101: 2016 establece requisitos para un sistema de gestión que apoye el desarrollo sostenible en las comunidades, incluidas las ciudades, utilizando un enfoque holístico, con el fin de garantizar la coherencia con la política de desarrollo sostenible de las comunidades.

Los resultados previstos de un sistema de gestión para el desarrollo sostenible en las comunidades incluyen:

- Gestionar la sostenibilidad y fomentar la inteligencia y la resiliencia en las comunidades, teniendo en cuenta los límites territoriales a los que se aplica;
- Mejorar la contribución de las comunidades a los resultados del desarrollo sostenible;
- Evaluar el desempeño de las comunidades en el progreso hacia resultados de desarrollo sostenible y el nivel de inteligencia y resistencia que han alcanzado;
- Cumplimiento de obligaciones de cumplimiento.

ISO 37101: 2016 está destinado a ayudar a las comunidades a ser más resistentes, inteligentes y sostenibles, a través de la implementación de estrategias, programas, proyectos, planes y servicios, con el objetivo de demostrar y comunicar sus logros.

ISO 37101: 2016 está destinado a ser implementado por una organización designada por una comunidad para establecer el marco organizacional y proporcionar así los recursos necesarios para apoyar la gestión de los resultados de desempeño ambiental, económico y social. Se considera que una comunidad que elige establecer el marco organizativo por sí misma constituye una organización tal como se define en ISO 37101: 2016.

ISO 37101: 2016 es aplicable a comunidades de todos los tamaños, estructuras y tipos, en países desarrollados o en desarrollo, a nivel local, regional o nacional, y en áreas urbanas o rurales definidas, en sus respectivos niveles de responsabilidad.

ISO 37101: 2016 se puede utilizar total o parcialmente para mejorar la gestión del desarrollo sostenible en las comunidades. Sin embargo, las reclamaciones de conformidad con ISO 37101: 2016 no son aceptables a menos que todos sus requisitos se incorporen al sistema de gestión de una organización para el desarrollo sostenible en las comunidades y se cumplan sin exclusión.

ISO 26000: La importancia de la Igualdad de Género (Gender Equality)

La igualdad de género es un componente clave de la responsabilidad social, y el empoderamiento de las mujeres y su igualdad en la sociedad se subraya en ISO 26000, Orientación sobre responsabilidad social.

Esta norma tiene como objetivo eliminar los prejuicios y promover la paridad mediante la recomendación de que las organizaciones tengan una mezcla equilibrada de hombres y mujeres en las estructuras de gobierno y gestión, garantizar que ambos sexos sean tratados por igual cuando se trata de reclutamiento, oportunidades profesionales y remuneración, y asegurarse de que hombres y mujeres reciben igual consideración en las decisiones y actividades de la compañía.

Además, ISO tiene como objetivo fomentar la representación equitativa en la estandarización, fortalecer la participación de las mujeres en el desarrollo de las Normas Internacionales ISO y hacerlas más relevantes para las mujeres de todo el mundo.

Por esta razón, ISO se ha unido recientemente a International Gender Champions, una red de liderazgo que trabaja para avanzar en la paridad de género en la gestión ejecutiva.

ISO 45001: Trabajo Decente y Crecimiento Económico (Decent Work and Economic Growth)

Las Normas Internacionales promueven el crecimiento económico al establecer un lenguaje común y especificaciones acordadas internacionalmente que pueden aplicarse en el desarrollo de la regulación nacional e internacional.

También son herramientas esenciales para reducir las barreras al comercio internacional, una contribución reconocida en el Acuerdo sobre Obstáculos Técnicos al Comercio de la Organización Mundial del Comercio.

Además, ISO también tiene muchas normas específicas que promueven el trabajo decente, entre ellas **ISO 45001**, Sistemas de gestión de seguridad y salud ocupacional: requisitos con orientación para su uso, diseñados para ayudar a las empresas y organizaciones de todo el mundo a proteger la salud y la seguridad de las personas que trabajan para ellos.

El soborno es uno de los problemas más destructivos y desafiantes del mundo. Con más de US $ 1 billón pagado en sobornos cada año, las consecuencias son catastróficas, reducen la calidad de vida, aumentan la pobreza y erosionan la confianza pública.

Sin embargo, a pesar de los esfuerzos a nivel nacional e internacional para combatir el soborno, sigue siendo un problema importante. Al reconocer esto, ISO ha desarrollado un nuevo estándar para ayudar a las organizaciones a combatir el soborno y promover una cultura empresarial ética.

El soborno puede tener un impacto negativo en las oportunidades de empleo, lo cual es otra barrera para el crecimiento económico. **ISO 37001** sobre sistemas de gestión contra el soborno contribuye a la prosperidad económica al ayudar a las organizaciones a combatirlo y promover una cultura contra él.

Para ser realmente un jugador de las altas ligas, es imperioso que se aborde el soborno adoptando una política antisoborno, designando a una persona para supervisar el cumplimiento, la capacitación, las evaluaciones de riesgos y la debida diligencia antisoborno en proyectos y socios comerciales. Para ello deberá implementar controles financieros y comerciales e instituyendo procedimientos de informes e investigación rutinarios.

Está diseñado para ayudar a su organización a implementar un sistema de gestión antisoborno, o mejorar los controles que tiene actualmente. Ayuda a reducir el riesgo de soborno y puede demostrar a sus partes interesadas que ha implementado controles antisoborno de buenas prácticas reconocidos internacionalmente.

ISO y la Industria, Innovación e Infraestructuras (Industry, Innovation and Infrastructure)

Las Normas Internacionales ISO apoyan la industrialización sostenible a través de especificaciones acordadas internacionalmente que cumplen con los requisitos de calidad, seguridad y sostenibilidad.

Cubriendo prácticamente todas las industrias, dan confianza a los inversores y consumidores al crear un entorno en el que los productos y servicios pueden prosperar. Además, los estándares ISO proporcionan un lenguaje universal, rompiendo así las barreras técnicas para el comercio internacional. Esto es particularmente importante para los países en desarrollo, ya que les permite competir más fácilmente en el mercado global.

ISO también tiene estándares que facilitan las prácticas y relaciones comerciales. Estos incluyen **ISO 44001,** Sistemas de gestión de relaciones comerciales colaborativas: requisitos y marco, que proporciona una plataforma común para maximizar los beneficios del trabajo colaborativo y ayudar a las empresas a establecer relaciones comerciales saludables, tanto dentro como entre organizaciones.

Las normas también son herramientas importantes para construir infraestructuras seguras y resistentes. Por ejemplo, ISO tiene más de mil estándares para la industria de la construcción que brindan pautas y especificaciones acordadas internacionalmente, sobre todo, desde el tipo y el estado del suelo que estos edificios se colocan hasta el tipo de techo. Estos incluyen no solo niveles mínimos de seguridad y rendimiento, sino también una serie de métodos de prueba para la resistencia.

Las normas internacionales ISO proporcionan una plataforma para garantizar la interoperabilidad, que es aquello que fomenta la inversión y apoya la innovación. Además, el trabajo continuo de ISO en la gestión de la innovación ofrecerá marcos probados que ayudarán a las organizaciones a liberar su potencial innovador. Esto incluye las futuras normas **ISO 50501** sobre sistemas de gestión de la innovación e **ISO 50503** sobre herramientas y métodos para la asociación de innovación colaborativa.

ISO 44001: 2017 especifica los requisitos para la identificación efectiva, el desarrollo y la gestión de las relaciones comerciales colaborativas dentro o entre organizaciones.

ISO 44001: 2017 es aplicable a organizaciones privadas y públicas de todos los tamaños, desde grandes corporaciones multinacionales y organizaciones gubernamentales, hasta organizaciones sin fines de lucro y micro / pequeñas empresas.

La aplicación de **ISO 44001: 2017** puede realizarse en varios niveles diferentes:

- Una aplicación única (que incluye unidad operativa, división operativa, proyecto o programa único, fusiones y adquisiciones);
- Una relación individual (incluyendo relaciones uno a uno, alianza, sociedad, clientes comerciales, empresa conjunta);
- Múltiples relaciones identificadas (incluidas múltiples alianzas de socios, consorcios, empresas conjuntas, redes, acuerdos de empresa extendida y cadenas de suministro de extremo a extremo);
- Aplicación completa en toda la organización para todos los tipos de relación identificados.

ISO y la Reducción de las desigualdades (Reduced Inequalities)

Las sociedades avanzadas confían en un sistema complejo de calidad y cumplimiento para garantizar el correcto funcionamiento del mercado, proteger la salud y la seguridad de las personas, al mismo tiempo que se preserve el medio ambiente. Este sistema se define comúnmente como una infraestructura nacional de calidad (NQI) y se refiere a todos los aspectos de metrología, estandarización, pruebas, gestión de calidad, certificación y acreditación que influyen en la evaluación de la conformidad.

Muchos países en desarrollo sufren de una infraestructura nacional de calidad débil, que puede ser un impedimento importante para su integración en los mercados regionales y globales, limitando las oportunidades que ofrece el comercio y obstaculizando su capacidad para mejorar el bienestar público en áreas vitales como la salud, la seguridad y la protección del medio ambiente.

Parte de la Estrategia **ISO 2016-2020** implica el desarrollo de capacidades para los países en desarrollo en áreas como estrategia, experiencia técnica y operativa, y relaciones con los responsables políticos, para apoyar su participación en la normalización internacional.

Esto, a su vez, les ayuda a fortalecer su INC, reduciendo así las desigualdades dentro y entre los países. Además, las propias normas ISO contribuyen a la reducción de las desigualdades, ya que sirven como un lenguaje común que ayuda a romper las barreras al comercio, promover la innovación y nivelar el campo de juego para organizaciones de todo tipo que deseen competir en los mercados nacionales e internacionales. Hoy también contamos con estándares específicos que ayudarán a las organizaciones a contribuir directamente a este ODS.

ISO 26000, Orientación sobre responsabilidad social, por ejemplo, proporciona pautas sobre cómo las empresas y organizaciones pueden operar de manera socialmente responsable, lo que incluye abarcar los principios de no discriminación e igualdad de oportunidades. Los temas centrales definidos por la norma comprenden los derechos humanos, las prácticas laborales, el medio ambiente, las prácticas operativas justas, los problemas del consumidor y la participación de la comunidad.

ISO y las Ciudades y comunidades Sustentables (Sustainable Cities and communities)

El uso responsable de los recursos, la preservación del medio ambiente y la mejora del bienestar de los ciudadanos son el objetivo final de los expertos del comité técnico de **ISO / TC 268**, Ciudades y comunidades sostenibles, cuya norma emblemática **ISO 37101** ayuda a las comunidades a definir sus objetivos de desarrollo sostenible e implementar estrategias para lograrlos.

A esta norma básica se unen una serie de normas sobre indicadores de la ciudad que incluyen **ISO 37120** (indicadores para servicios de la ciudad y calidad de vida) y las dos normas **ISO 37122** (indicadores para ciudades inteligentes) e **ISO 37123** (indicadores para ciudades resilientes).

ISO también tiene cientos de estándares sobre sistemas de transporte inteligentes, gestión del agua, continuidad del negocio y resiliencia comunitaria, diseñados para hacer que las comunidades sean seguras, sostenibles y adaptables para enfrentar los desafíos. Estos incluyen **ISO 22313** (sistemas de gestión de continuidad del negocio) y una serie de normas actualmente en desarrollo, como **ISO 22326** (gestión de emergencias), **ISO 22395** (directrices para apoyar a personas vulnerables en situaciones de emergencia) e **ISO 24526** (sistemas de gestión de eficiencia del agua).

ISO y la Paz, Justicia e Instituciones Sólidas (Peace, Justice and Strong Institutions)

Las sociedades e instituciones eficaces, responsables e inclusivas confían en la buena gobernanza a todos los niveles, desde pequeñas empresas hasta multinacionales y gobiernos.

La gobernanza es el sistema mediante el cual una organización se dirige, controla y rinde cuentas para lograr su propósito principal a largo plazo.

El comité técnico de **ISO / TC 309**, Gobierno de las organizaciones, se creó para consolidar las buenas prácticas para un gobierno efectivo y abarca una amplia gama de aspectos, desde la dirección, el control y la responsabilidad, hasta el cumplimiento, la corrupción y la denuncia de irregularidades. Su estándar más destacado, **ISO 37001** (sistemas de gestión antisoborno) ayuda a promover la paz, la justicia y las instituciones sólidas al aumentar la transparencia y la rendición de cuentas. Otros estándares de este comité incluyen **ISO 19600**, Sistemas de gestión de cumplimiento - Directrices, e **ISO 37000**, Orientación para el gobierno de las organizaciones (actualmente en desarrollo), que fomentan una buena dirección y control de organizaciones de todo tipo y tamaño.

ISO/TC 260 para la Gestión de los Recursos Humanos

En respuesta al mercado globalizado de hoy, la Organización Internacional para Normalización (ISO) formó un Comité Técnico (TC) 260 para ayudar a las organizaciones alineando y racionalizando su gestión de recursos humanos (HRM) y prácticas. Los países miembros tienen la tarea de desarrollar una colección de Normas de Gestión de los Recursos Humanos que ofrecerán una orientación a los profesionales de GRH en beneficio de las organizaciones y sus grupos de interés.

En el año 2011 se creó el primer comité ISO/TC 260 para la Gestión de los Recursos Humanos, en Estados Unidos, gracias a ANSI (Instituto Nacional de Estándares) (American National Standards Institute) y desde entonces varios países han ido sumándose para ser parte.

A finales de 2015 se creó en el seno de AENOR el AEN/CTN 314. Su objetivo es realizar el seguimiento de los trabajos del comité ISO. Con la colaboración del Consejo General de la Psicología se elaboró en España la Norma ISO TC/260 Gestión de Recursos Humanos. En el año 2017 se publicaron sus primeras normas, resultantes de adopciones de las normas internacionales de la serie ISO 30400, como son:

- La ISO 30400 Gestión de recursos humanos: Vocabulario que proporciona definiciones consensuadas sobre términos fundamentales utilizados en los estándares de gestión de recursos humanos.

- La ISO 30408 Gestión de los recursos humanos: Directrices sobre la gestión del personal que proporciona las directrices para estructurar un sistema eficaz de gestión de personas capaz de responder más eficazmente a las necesidades organizativas y operativas.

- La ISO 30405 Gestión de recursos humanos: Directrices sobre contratación que proporciona orientación sobre procesos y procedimientos eficaces de contratación, y puede ser utilizada por cualquier persona involucrada en la contratación de personal, ya sea profesionales de RR.HH. o no.

- La ISO 30409 Gestión de recursos humanos: Planificación de la plantilla, ayuda a las organizaciones a responder mejor a sus necesidades actuales y futuras de personal.

Estas iniciativas dan la oportunidad, pero también la responsabilidad de elaborar y desarrollar buenas prácticas en la gestión de personas en las organizaciones vinculadas al Social & Human Capital Protocol que establece un proceso de relevamiento y mediciones para facilitar u optimizar su capacidad de respuesta a los cambios venideros en el mercado laboral.

Los directivos que apuesten por los estándares de calidad más reconocidos internacionalmente crearán valor en las organizaciones dotando a la misma de la

sensibilidad necesaria en los procedimientos de gestión de las personas.

Según la exposición realizada en el último evento de la NSC, esta norma entró en vigor en 2019 y está basada en el Protocolo de capital humano y social para el desarrollo sustentable (Ver: https://docs.wbcsd.org/2019/02/Social_and_Human_Capital_Protocol.pdf).

PARTE 4 REFLEXIONAR

La crisis se produce cuando lo viejo no acaba de morir y cuando lo nuevo no acaba de nacer

Berlot Brecht

¿Por qué las crisis aparecen y luego terminan? Reflexiones de abril del 2020

Todas las crisis pasan porque todo pasa, y todo lo que queda es lo que pudimos construir tanto en tiempos de paz como en tiempos de turbulencia.

La Seguridad no escapa a esa ley. Hoy más que nunca como líderes debemos estar atentos y vigilantes de la salud y seguridad de nuestra gente. Y cuando hablo de nuestra gente, me refiero a nuestra familia, amigos, equipos de trabajo, vecinos, colaboradores y nosotros mismos.

El **auto liderazgo** en lo que se refiere a **seguridad** se ha transformado, en esta época de Pandemia, en un pilar aún más fundamental de lo que ya era. No percibir el riesgo que hoy nos rodea sin la seriedad y la conciencia social necesaria es una trampa en la que podemos caer de considerar al enemigo como "invisible", como los son muchos de los riesgos que nos rodean a diario. Y es por eso por lo que bajamos la guardia, porque no lo vemos o nos acostumbramos a convivir con él, o nos creamos la falsa sensación de seguridad donde las cosas están bien, van bien o vamos mejorando solas.

Y así nos vamos permitiendo aflojar la guardia y el sentido común en el camino de la construcción de la consciencia de seguridad y salud. Ese es un viaje que no tiene un final feliz.

Para lograr algún tipo de final feliz, en post del cuidado del bien más preciado que tenemos, que es nuestra vida, tenemos que trabajar permanentemente en la búsqueda de la mejora continua.

La mejora de nuestros procesos organizacionales, la mejora de nuestros procesos de gestión de la seguridad, la mejora en la cultura de seguridad y por sobre todas las cosas la mejora de nuestras propias habilidades como líderes y más aún como personas es fundamental para poder afrontar los desafíos de este nuevo mundo que se está gestando. Es cierto que toda crisis trae en contrapartida nuevas oportunidades, pero para poder tomarlas hay que estar preparado.

Tenemos en nuestras manos la oportunidad y responsabilidad de ejercer nuestro **liderazgo visible** ante nuestra gente, la responsabilidad indelegable del cuidado del prójimo que aceptamos implícitamente cuando decimos ser su líder, su guía. El compromiso es entonces con la acción. ¡Hagamos!

Hoy más que nunca nuestra gente necesita líderes comprometidos, con coraje y humanos, velando por la seguridad y salud de sus equipos. Aprovechemos este momento. Lo que hoy estamos viviendo es único e histórico. Obremos a la altura de la circunstancia y de las necesidades de nuestra gente.

Muchas compañías cuentan con el BCP -Business Continuity Plan- con comités de crisis y con preparaciones ante emergencias. Allí se formulan simulacros y pruebas en condiciones normales de situaciones anormales. Pero para los tiempos que hoy vivimos nadie estaba preparado, y es aún más complejo, ya que la mayoría de la gente ni siquiera lo había pensado.

Pero no es tan así tampoco, permítanme re-frasearlo eso último. La verdad es que sí, muchos pensaron en un escenario como el que hoy vivimos, en universidades y agencias de gobiernos. También lo pensaron muchos creadores de películas y series de ciencia ficción, pero como algo que solo puede pasar en nuestra imaginación. Y algunos pensadores laterales como a Bill Gates, que lo enunció allá por el 2015, pero fue tomado como una idea exagerada o muy adelantada en el tiempo.

Y sin embargo aquí estamos, iniciado el año 2020 con la peor pandemia de la historia declarada. Una entidad microscópica, un virus, un Coronavirus que todavía los científicos están discutiendo si un virus es un ser vivo o no. Y en medio de esa discusión el virus nos está matando, y está matando al mundo en forma literal y no tan literal.

La peor muerte es la real, la de la gente, sin lugar a duda. Pero en algún momento habrá una nueva normalidad. No obstante, antes de que esa nueva normalidad se asiente, esta crisis mundial nos sacudirá con sus réplicas y after shocks, como lo hacen los grandes sismos que serán muchos y habrá muchos otros tipos de muertes.

Muchas cosas y dinámicas definitivamente cambiarán. El dinero y la relación con el dinero cambiará. Tal vez las criptomonedas y la plata virtual sean sacadas a patadas de las carteras de inversión de unos pocos iluminados y sea empujado a la vida diaria de todos a partir del surgimiento del nuevo mundo, el mundo del nuevo orden. Eso evitaría, por ejemplo, las colas en los bancos, farmacias y supermercados.

Los rituales de limpieza e higiene en las empresas y en los hogares están siendo atravesados por grandes e importantes cambios y esos también llegaron para quedarse.

Y sin duda lo que ha cambiado para siempre es el trabajo. El trabajo de todos. Muchos de nosotros resistimos el mundo virtual, porque el contacto uno a uno era parte de lo que queríamos sentir, queríamos sentirnos cerca de otras personas. El trabajo cambiará para siempre, al igual que muchas otras experiencias que creíamos que solo se podían hacer estando presentes físicamente. La realidad de hoy nos confronta con muchas de nuestras creencias limitantes, muchas de las cuales vivimos y experimentamos en muchas áreas de nuestras vidas, y que también se encuentran en el área de seguridad.

Llegó el año 2020 y de un día para otro, de repente y en un abrir y cerrar de ojos, sin pedir permiso ni darnos tiempo para organizar nada, nuestra casa se convirtió en nuestra oficina. ¡Pero no solo nuestra casa se transformó en la oficina de todos los que trabajan en cada hogar, sino que también se transformó en una escuela, un jardín de infantes, un gimnasio, un restaurante, una peluquería, todo! Nuestras casas se han transformado en todo los 7 días de la semana, las 24 horas del día. Muchos de nosotros nos trajeron una computadora a nuestra casa al día siguiente y nuestros hijos ya no fueron recibidos en sus escuelas. En ese mismo momento comenzó el verdadero cambio. Porque además ya no estaba permitido, ni era seguro, salir de nuestras casas.

Para trabajar bien debemos contar con un espacio que acomode todas nuestras necesidades y requerimientos de toda índole. Es por eso por lo que resulta de suma importancia contar con un diseño y equipamiento seguro, saludable y feliz del espacio de trabajo para el home office.

Veamos varios puntos importantes que podemos aportar desde el área de Seguridad para esta nueva etapa de un hogar home office:

Ergonomía

La ergonomía es la ciencia que adapta el lugar de trabajo a la actividad y a la persona que lo desarrolla y no al revés. Desde la revolución industrial, los seres humanos siempre han sido manipulados por su increíble capacidad de adaptación a todo. ¡Incluso a los virus! como también a tareas a temperaturas muy altas, a transportar materiales muy pesados, a trabajar en posiciones forzadas basadas en esa zanahoria impuesta, a veces maravillosa pero otras veces destructiva, que nos lleva a creer que el ser humano puede hacer cualquier cosa.

Sin embargo, surgieron pensadores revolucionarios y con ellos el concepto de Responsabilidad Social Empresaria (RSE) lo que nos hizo ver y comprender que no todo debería hacerse, incluso si es posible.

Si bien la primera vez que se acuñó ese término fue en 1857, en Polonia, fue en los años 70, bien entrado el siglo XX, que se comenzó a hablar de la ergonomía tal como la conocemos hoy en día.

Los objetivos de la ergonomía son:

- Reducir o eliminar los riesgos profesionales, accidentes y enfermedades.

- Disminuir la fatiga por carga física, psicofísica y mental
- Aumentar la eficiencia de las actividades productivas

Las bases y leyes de la ergometría ya están sentadas y probadas, y por ellas se entiende que para el diseño seguro, saludable y feliz del puesto de trabajo se deberán tener en cuenta los siguientes cuatro principios:

1. **Los riesgos locativos**: es decir los riesgos inherentes al lugar de trabajo propiamente dicho.
    - visar objetos sueltos
    - no subirse a mesas o sillas para alcanzar objetos
    - cerrar cajones para evitar golpes y

tropiezos, entre otros accidentes.

2. **Los riesgos ergonómicos:** son los que surgen cuando descuidamos la posición de nuestro cuerpo durante la ejecución del trabajo.
    - Tener en cuenta la iluminación, que sea directa, lo más natural posible y que no produzca reflejos molestos sobre las superficies de trabajo.
    - Disponer los objetos de uso frecuente cerca y al alcance de la mano y los menos frecuentes en un radio más amplio
    - Mantener codos y rodillas siempre a 90 grados con respecto al eje del cuerpo
    - Mantener los pies firmemente apoyados en suelo. Para ello puedes ayudarte con cajas de zapatos, cajones de madera o almohadones.
    - Mantener la columna dorsal comodonamente apoyada en el respaldo de la silla (sí, tienes que elegir una silla con respaldo), si no llegas puedes usar almohadones también.

3. **Los riesgos eléctricos:** estos son más comunes de lo que creemos y tal vez los menos relevados.
    - Para evitarlos mantén los cables prolijos y fuera del paso para evitar tropezones y caídas

- No coloques vasos con agua o infusiones en lugares donde podrías volcarlos involuntariamente sobre tu teclado o computadora
- No sobrecargues enchufes
- No uses prolongadores que no estén homologados
- Tu instalación eléctrica, tanto en tu trabajo, como en tu hogar debe contar con protección diferencial y disyuntores

4. **Los riesgos psicosociales:** estos han cobrado hoy más relevancia que nunca antes debido a los periodos de aislamiento social obligatoria, pero de más está decir que el trabajo home office siempre es un desafío para mantener las relaciones interpersonales fluidas y saludables, más aún en estos tiempos.

Construcción de la felicidad

Además de todo lo mencionado anteriormente, es importante disponer de un entorno laboral que nos haga feliz, que nos de bienestar, confort y alegría. Y por eso debemos construir ese entorno. Sí, construirlo. Porque el entorno que conlleva a la felicidad, en todos los ámbitos de la vida, se construye.

Para construir la felicidad nos apalancaremos en la ciencia de la psicología positiva. Ella es la que asegura que el 50% del nivel de nuestra felicidad se debe a nuestra base hereditaria, un 10% se vincula a las circunstancias y el 40% restante se deben a las actividades intencionales que hagamos en nuestras vidas. Es por eso que podemos afirmar que la felicidad se construye, se elige para ser vivida. La ciencia nos demuestra que tenemos un espacio de un 40% para modelar nuestra vida con lo que nos gusta y nos hace bien.

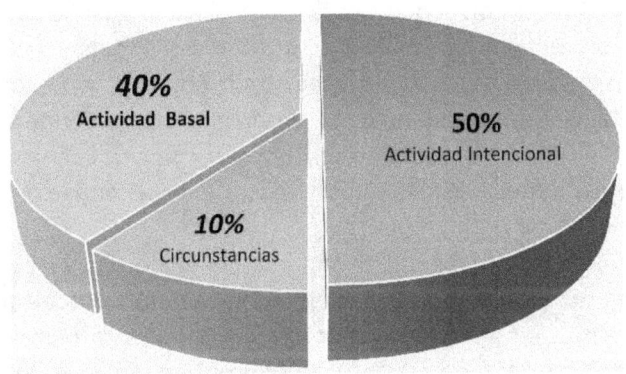

Rutinas Saludables

Otra parte importante de nuestra rutina de home office es poder hacer las **micro pausas activas**.

Las pausas microactivas activas o las pausas microactivas nos sirven para hacer algunos ejercicios de estiramiento muscular. Es necesario tomarlos cada cierto intervalo de tiempo para ayudar a prevenir enfermedades típicas de aquellos que pasan muchas horas con poco o ningún movimiento y pueden exponernos a dos riesgos peligrosos específicos: estilo de vida sedentario y postura corporal no ergonómica.

A diferencia de un accidente, que es un hecho súbito, repentino e inesperado, las enfermedades profesionales se manifiestan a lo largo del tiempo, ya que las mismas son la consecuencia de una exposición acumulativa y paulatina en el tiempo a malos hábito de trabajo.

Obviamente que para que se desarrolle una enfermedades profesionales, un individuo debe contar con una carga basal de predisposición. Hay gente que ante el mismo estímulo no desarrolla una enfermedad que otros sí desarrollan, o la desarrollan más tardíamente, o se le manifiesta con menor severidad.

Realizar entre 3 a 5 minutos de micro-pausas cada tres o cuatro horas de trabajo mejorará, no solo nuestro cuerpo, sino también nuestra atención, nuestro humor y nuestro estado de ánimo. Mantenernos en movimiento es sumamente importante para nuestro equilibrio psicofísico.

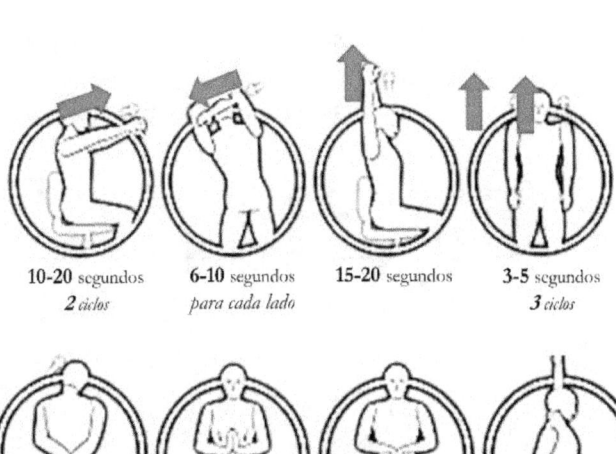

10-20 segundos *2 ciclos*	**6-10** segundos *para cada lado*	**15-20** segundos	**3-5** segundos *3 ciclos*

10-12 segundos *cada brazo*	**10** segundos	**10** segundos	**8-10** segundos *cada lado*

   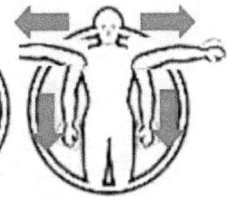

8-10 segundos *cada lado*	**10-15** segundos *2 ciclos*	**6-20** segundos saducir las manos	**10-20** segundos *estirar los brazos*

Las empresas felices son aquellas que se ocupan de que sus empleados sean felices, porque las organizaciones son la suma de todos sus empleados.

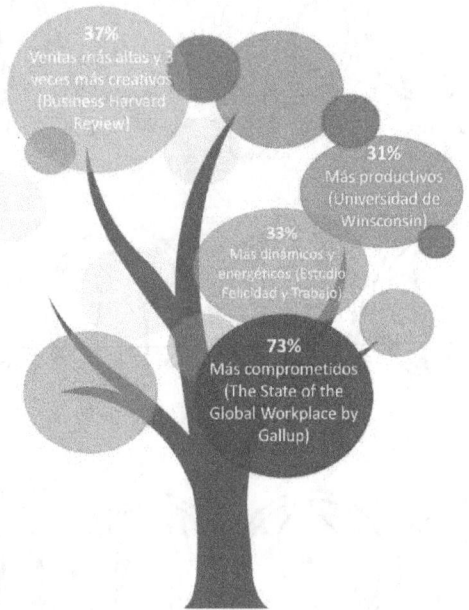

Los seres humanos somos una entidad única e indivisible, y desde la coherencia ontológica somos lo que decimos, y eso nos transforma en lo que hacemos. Para ser felices debemos pensar, sentir, decir y hacer de manera coherente, es decir, armoniosamente.

Es bueno que hace muchos años nos deshiciéramos de una creencia muy limitante que decía que los problemas personales podían dejarse en la puerta de entrada de la oficina, o en la puerta de entrada de la fábrica, o en el hall de entrada de la casa al lado del paraguas y el abrigo. Hoy sabemos que este no es el caso, que esto no es posible ni saludable.

Mi reflexión en este anexo es puramente para invitarlo a recorrer este camino de coherencia y permitir que surjan emociones en el área que necesita emerger, evitando así mucho estrés.

Estrés

La carga de trabajo que el empleado cree que no pueda manejar, se denomina **estrés laboral**, y hoy en día es la segunda causa de bajas laboral más importante y frecuente seguida de las causas **musculoesqueléticas**.

Lo llamativo es que ambas causas, las musculoesqueléticas y las emocionales, están afectando a todas las industrias y organizaciones sin distinción de a qué rubro pertenezcan.

Hoy, en plena pandemia del Coronavirus diseminándose por nuestras calles, las dos causas de bajas laborales más preponderantes están flor de piel.

Tenemos la sensación de que nuestros cuerpos y mentes se hayan presos de un enemigo invisible contra el cual no podemos luchar. Pero no es así. Sí podemos luchar contra él desde lo que sabemos, que es cuidar nuestro cuerpo con las herramientas que nos dan la seguridad, la higiene, la ergonomía y por sobre todo nuestras mentes, con las herramientas de la psicología positiva, la creatividad y la flexibilidad mental

Empleados felices y saludables construyen organizaciones felices y saludables. Se ha demostrado que las organizaciones saludables son negocios más eficientes y rentables. Por lo tanto, serán las organizaciones que entiendan este concepto importante e inviertan en él todos sus recursos (humanos, capital, conocimientos, pensamiento lateral, etc.) las que sobrevivirán a estos o a cualquier otro momento de crisis.

Epílogo

Escribir sobre RSE produce el efecto de movilizar a las personas. En mis talleres este tema pertenece al taller de liderazgo, pues considero necesario compartir este sumario de conceptos al mismo tiempo que se habla de cómo guiar las personas en su trabajo.

Como epílogo quiero enfatizar la importancia de establecer el relacionamiento de los responsables con 3 áreas de la organización: Producción, Recursos Humanos y RSE o sus áreas intervinientes. No todas las organizaciones tienen un área de RSE y la tendencia es que sea transversal, de manera que haya una gestión y un informe integrado de todas las áreas respecto al tema. Como RSE se configura como un nuevo modelo de gestión, permeará con la ISO 45001 en todas las áreas.

Reitero que quienes gerencian personas tienen varios roles, dentro de los cuales destaco tres:

- **P-BP – Socio de Producción, (Production Business Partner)**, pues debe comprender y desarrollar la mirada del negocio en la producción.
- **HR-BP – Socio de Recursos Humanos, (Human Resources Business Partner)**, debe liderar la gestión de temas de recursos humanos con sus subalternos, es quien conoce la gente.

- **CSR-BP – Socio de Responsabilidad Social Corporativa, (Corporate Social Responsibility Business Partner)**, pues el gerente es el punto de unión entre el manejo de la producción y la gente, y la responsabilidad social de la organización.

Es necesario entonces recomendar a las organizaciones que los responsables de personas tengan en su evaluación de desempeño anual de objetivos relacionados con estas 3 áreas de la empresa.

Para terminar, deseo que estas guías les hayan permitido una introducción a todos los temas de RSE en seguridad y los espero en mis talleres para seguir profundizando. No duden en contactarme por cualquier consulta o contribución. Para ello pueden escribirme a debbie@resiliere.com o comunicarse a mi consultora.

Deborah C. Lanfranchi

Experimentada Líder de HSE y Manufactura; con una extensiva experiencia de trabajo en industrias Multinacionales. Experta en Sistemas de Gestión Corporativos, Control de Riesgos y Normas ISO. Coach Profesional Certificada, Life Coaching. Graduada como Ingeniera Química en UTN y UBA; asociada al CPIQ.

Educación

Ingeniera Química Universidad Tecnológica Nacional – Argentina.

Coaching Ontológico Profesional.

Especialista Seguridad e Higiene Industrial – Universidad de Buenos Aires – Argentina.

Docente en el Posgrado de Especialización en Seguridad e Higiene, Facultad de Ciencias Exactas y Naturales - Universidad de Buenos Aires - Argentina.

Bibliografía

Algunas referencias

- "Value", 2nd meaning, Oxford Dictionary Online [Internet]. 2013 [cited 2013 Jan 1. Available from: http://oxforddictionaries.com
- 2nd Strategy Conference. Five pillars for a culture of prevention in business and society e strategies on safety and health at work, 2011, DGUV Academy Dresden [Internet]. 2012: http://www.dguv.de/iag/en/veranstaltungen_en/strategie2011/index.jsp
- Aalders T, Wilthagen T. Moving beyond command and control: reflexivity in the regulation of occupational safety, health and environment. LawPolicy 1997.
- Alli BO. Fundamental principles of occupational health and safety. Geneva (Switzerland): International Labour Organization; 2008
- Argyris C. On organizational learning. Malden (MA): Blackwell Publishing; 1990. 454 p. Marmot M, Ellen J, Bell R, Bloomer E, Goldblatt P.WHO European review of social determinants of health and the health divide. Lancet 2012.
- Authority of Canberra Territory Public Service (ACTPS). Respect, equity and diversity framework e creating great workplaces with positive cultures. Canberra (Australia): ACTPS; 2010.
- Bartholomew LK, Parcel GS, Kok G, Gottlieb NH, Fernandez ME. Environment-oriented theories. In: Planning health promotion programs: an intervention mapping approach. 3rd ed. San Francisco (CA): Jossey-Bass; 2011.
- Beer M. High commitment e high performance e how to build a resilient organization for sustained advantage. San Francisco (CA): Jossey-Bass; 2009.
- Blas E. From concept to practice e synthesis of findings. In: Blas E, Sommerfeld J, Kurup AS, editors. Social determinants e approaches to public health. Geneva (Switzerland): World Health Organization; 2011.
- British Quality Foundation (BQF). Glossary of the European Foundation for Quality Management's excellence model terms,

- BQF[Internet]. 2013 [cited 2013 Feb 1. Available from: http://www.bqf.org.uk/efqm-excellencemodel/glossary-terms
- Brown D, Isaacs J. The World Café: shaping our futures through conversations that matter. San Francisco (CA): Berret Koehler Publishers; 2005.
- Burke MJ, Scheuer ML, Meredith RJ. A dialogical approach to skill development: the case of safety skills. Human Resource Management Rev 2007
- Burns C, Mearns K, Mc George P. Explicit and implicit trust within safety culture. Risk Anal 2006.
- Cambridge Dictionary (CD). "Core value", CD Online [Internet]. 2013 [cited 2013 Jan 1. Available from: https://dictionary.cambridge.org/dictionary/english/core?q=core_1#core_1_3
- Conchie SM, Donald IJ, Taylor PJ. Trust: missing piece(s) in the safety puzzle. Risk Anal 2006.
- Conchie SM, Donald IJ. The functions and development of safety-specific trust and distrust. Saf Sci 2008.
- Cooperrider D, Srivastva S. Appreciative inquiry in organizational life. Res Org Change Development 1987.
- Corbett D. Excellence in Canada: healthy Organizations; achieve results by acting responsibly. J Bus Ethics 2004.
- Cornelis A. Logica van het gevoel [The logic of feeling]. Meppel (Netherlands): Boom; 1988. 434 p. [in Dutch].
- Cox S, Cox T. The structure of employee's attitudes to safety: an European example. Work Stress 1991.
- Cox T, Karanika M, Griffiths A, Houdtmont J. Evaluating organizational-level work stress interventions: beyond traditional methods. Work Stress 2007.
- Daniels N. Why justice is good for our health. In: Lolas FS, Agar LC, editors. Interfaces between bioethics and the empirical social sciences. Regional program on bio-ethics OPS/OMS. Chile: Pan American Health Organization and World Health Organization; 2002.
- Dekker S. Just culture, balancing safety and accountability. 2nd ed. Aldershot (UK): Ashgate Publishers; 2012
- Dollard MF, Bakker AB. Psychosocial safety climate as a precursor to conducive work environments, psychological health problems, and employee engagement. J Occ Org Psy 2010.
- Dutton JE, Heaphy ED. The power of high-quality connections. In: Cameron K, Dutton JE, Quinn RE, editors. Positive organizational scholarship. San Francisco (CA): Berrett-Koehler Publishers; 2003.

- Dutton JE. Breathing Life into organizational studies. J Man Inquiry 2003.
- Employment Conditions Knowledge Network (EMCONET). Employment conditions and health inequalities e final report to the WHO Commission on Social Determinants of Health. Geneva (Switzerland): World Health Organization; 2007.
- Enterprise for Health (EfH). Guide to best practice e driving business excellence through corporate culture and health. Gütersich (German): Bertelsmann Stiftung; 2005.
- Enterprise for Health (EfH). Healthy lifestyles and corporate culture. Gütersich (German): Bertelsmann Stiftung; 2006.
- EU European Council Framework directive 89/391. Brussels (Belgium): EU European Council; 1989.
- European Agency for Safety and Health at Work (EU-OSHA). Mainstreaming OSH into business management. Bilbao (Spain): EU-OSHA; 2010
- European Agency for Safety and Health at Work (EU-OSHA). Occupational Safety and Health culture assessment e a review of main approaches and selected tools. Bilbao (Spain): EU OSHA; 2011.
- European Network for Workplace Health Promotion (ENWHP). Luxembourg declaration on workplace health promotion in the European Union, updated version. Essen (German): ENWHP; 2007.
- Evans J. Employment, social inclusion and mental health. J PsyMent Health Nurs 2000
- Ghai D. Decent work, concept and indicators. Int Labor Rev 2008.
- Giddens A. The constitution of society. 5th ed. Cambridge (UK): Polity Press;; 1991.
- GoetzelRZ, Shechter D, Ozminkowski RJ, Marmet PF, Tabrizi MJ, Roemer EC. Promising practices in employer health and productivity management efforts: findings from a benchmarking study. J Occup Environ Med 2007.
- Golaszevski T, Allen J, Edington D. Working together to create supportive environments in worksite health promotion. Am J Health Promot 2008.
- Guest D. Human resource management, corporate performance and employee wellbeing: building the worker into HRM. J IndRelations 2002.
- Guldenmund FW. The nature of safety culture: a review of theory and research. Saf Sci 2000.

- Guldenmund FW. Understanding and exploring safety culture [doctoral dissertation]. Oisterwijk (Netherlands): BOXPress; 2010.
- Hale AR, Hovden J. Management and culture: the third age of safety. In: Feyer MA, Williamson A, editors. Occupational injury: risk, prevention and intervention. London (UK): Taylor & Francis; 1998.
- Hasle P, Moller N. From conflict to shared development: social capital in a Tayloristic environment. EconIndDemocracy 2007.
- Hasle P, Sondergaard Kristensen T, Moller N, Gylling Olesen K. Organizational social capital and the relations with quality of work and health e a new issue for research. Jyväslylä (Finland): International Congress on Social Capital and Networks of Trust; 2007.
- Higbee, Gary / Wilson Larry, Inside Out Rethinking Traditional Safety Management Paradigms, 2012.,
- Hofstede G, HostedeGJ, Minkov M. Cultures and organizations: software of the mind. 3rd ed. New York (NY): McGraw Hill; 2010.
- Hollnagel E, Woods D, Leveson N. Resilience engineering e concepts and precepts, Hampshire. Burlington (VT): AshgatePublishers; 2006.
- Hostede G. Culture's consequences: comparing values, behaviours, institutions and Organizations across nations. 2nd ed. ThousandOaks (CA).
- Huber M, Knottnerus JA, Green L, van der Horst H, Jadad AR, Kromhout D, Leonard B, Lorig K, Loureiro MI, van derMeerJWM, Schnabel P, Smith R, van Weel C, Smid H. Howshouldwe define health? BMJ 2011.
- Hudson PTW, Parker D, Lawton R, VerschuurWLG, van der Graaf G, Kalff J. The hearts and minds project, creating intrinsic motivation for HSE. Paper presented at the SPE International Conference on Health Safety Environment in Oil and Gas Exploration and Production. Stavanger (Norway): SPE; 2000.
- International Council of Chemical Associations (ICCA). Responsible care e global charter. Brussels (Belgium): ICCA/CEFIC (The European Chemical Industry Council); 2006. 16 p.
- International Labour Organization (ILO). Global strategy on occupational safety and health. Geneva (Switzerland): ILO; 2004.
- International Labour Organization. Questions and answers on business and occupational safety and health [Internet]. 2013. Available from: https://www.ilo.org/global/lang--en/index.htm
- International Social Security Association (ISSA). Newsletter of the section for a culture of prevention; 2012.

- Jain A, Leka S, Zwetsloot GIJM. Corporate social responsibility and psychosocial risk management in Europe. J Bus Ethics 2011.
- Jamali D. A stakeholder approach to corporate social responsibility: a fresh perspective into theory and practice. J Bus Ethics 2008.
- Karasek RA, Theorell T. Healthy work: stress, productivity and the reconstruction of working life. New York (NY): Basic Books; 1990.
- Kessels J, Boers E, Mostert P. Vrije ruimte eFilosoferen in organisaties [Free space e Philosophy in organizations]. Amsterdam [Netherlands]: Boom; 2002.
- Kines P, Lappalainen J, Mikkelsen KL, Olsen E, Pousette A, Tharaldsen J, Tómasson K, Törner M. Nordic safety climate questionnaire (NOSACQ-50): a new tool for diagnosing. Int J Ind Ergon 2011
- Kouvonen A, Kivimäki M, Vahtera J, Oksanen T, Elovainio M, Cox T, Virtanen M, Pentti J, Cox SJ, Wilkinson RG. Psychometric evaluation of a short measure of social capital at work. BCM Public Health 2006.
- Lanfranchi, DC, Leadership in Safety: The Red and White Book of HSE, 2019.
- Lee TR. Perceptions, attitudes and behaviour: the vital elements of a safety culture. Health Saf 1996.
- Leka S, Cox T. The European Framework for Psychosocial Risk Management e European Framework. Nottingham (UK): I-WHO Publications; 2008.
- Lowe G. Creating healthy organizations: how vibrant workplaces inspire employees to achieve sustainable success. Toronto (Canada): Toronto University Press; 2010.
- Markus HR, Shinobu K. Culture and the self: implications for cognition, emotion, and motivation. Psy Rev 1991.
- Martin Egge SA. Creating an environment of mutual respect within the multicultural workplace both at home and globally. Manag Decis 1999.
- Maslow AH. A theory of human motivation. Psy Rev 1943.
- McGregor D. The human side of the enterprise. New York (NY): McGraw Hill; 1960.. Weisbord MR. Productive workplaces, dignity, meaning and community in the 21st Century. 25th anniversary. 3rd ed. San Francisco (CA): Jossey-Bass; 2012.
- Mearns K, Whitaker SM, Flin R. Safety climate, safety management practice and safety performance in offshore environments. Saf Sci 2003.

- Menon ST. Employee empowerment: an integrative psychological approach. Appl Psy 2001.
- Milliman J, Czaplewski AJ, Ferguson J. Workplace spirituality and employee work attitudes. J Org Change Manag 2003.
- Oksanen T, Kouvonen A, Kivimäki M, Pentti J, Virtanen M, Linna A, Vahtera J. Social capital at work as a predictor of employee health: multilevel evidence from work units in Finland. Soc Sci Med 2008.
- Organization for Economic Co-operation and Development (OECD). Guidance on developing safety performance indicators e related to chemical accident prevention, preparedness and response. OECD Environment Health and Safety Publications No 19. 2nd ed. Paris (France): OECD; 2008.
- Peters TJ, Waterman RH. In search for excellence. New York (NY): Harper & Collins; 1982.
- Reason JT. Managing the risks of Organizational accidents. Aldershot (UK): Ashgate; 1997.
- Ryan RM, Deci EL. Self-determination theory and the facilitation of intrinsic motivation, social development, and well-being. Am Psy 2000.
- Scharmer CO. Theory U e leading for the future as it emerges e the social technology of presencing. Cambridge (UK): SOL; 2007.
- Schein E. A conceptual model for managed culture change. In: Schein E, editor. Organizational culture and leadership. 2nd ed. San Francisco (CA): Jossey-Bass; 1997.
- Schein E. Can learning cultures evolve?. In: The new workplace: transforming the character and culture of our organizations. Waltham (MA): Pegasus Communications; 2007.
- Schein E. The corporate culture survival guide. 1st ed. San Francisco (CA): Jossey Bass; 2009.
- Schein EH. Three cultures of management: The key to organizational learning. MIT Sloan Manage Rev 1996.
- Schneider SC. National vs. corporate culture: implications for human resource management. Human Resourse Management 2006.
- Senge P. The fifth discipline e art and practice of the learning Organization. New York (NY): Doubleday; 1990.
- Segura, María Florencia. AgendaRSE: Un viaje hacia la Responsabilidad Social y la Sustentabilidad, 2016.
- Siegrist J. The adverse health effects of high-effort/low-reward conditions. J Occ Health Psy 1996.

- Sørensen OS, Hasle P, Pejtersen JH. Trust relations in management of change. Scand J Manag 2011.
- Sowden P, Sinha S. Promoting health and safety as a key goal of the corporate social responsibility agenda. Research Report 339. Norwich (UK): Health and Safety Executive; 2005.
- Tehrani N, editor. Building a culture of respect e managing bullying at work. New York (NY): Taylor & Francis; 2001.
- Törner M. The social physiology of safety. An integrative approach to understanding Organizational psychological mechanisms behind safety performance. Saf Sci 2011.
- Van Breda A. Resilient workplaces: an in initial conceptualization, families in society. J Contemp Soc Serv 2011.
- Van der Zouwen T. Building an evidence based practical guide to Large Scale Interventions [doctoral thesis]. Delft (Netherlands): Eburon; 2011.
- Van Marrewijk M. The social dimension of Organizations: recent experiences with Great Place To Work assessment practices. J Bus Ethics 2004.
- Wallerstein NB, Duran B. Using community-based participatory research to address health disparities. Health Prom Pract 2006.
- Weick KE, Sutcliffe KM. Managing the unexpected. 2nd ed. San Francisco (CA): Jossey Bass; 2007.
- Weick KE. Sense making in organizations. New York (NY): SAGE; 1995.
- World Health Organization (WHO). Healthy workplaces: a model for action e for employers, workers, policy-makers and practitioners. Geneva (Switzerland): WHO; 2010.
- World Health Organization (WHO). Social determinants e approaches to public health. Geneva (Switzerland): WHO; 2011.
- Xanthopoulou D, Bakker AB, Demerouti E, Schaufeli WB. Reciprocal relationships between job resources, personal resources, and work engagement. J Vocat Behav 2009.
- Yassi A. Health promotion in the workplace e the merging of paradigms. Methods Inf Med 2005
- Ybema JF, van den Bos K. Effects of organizational justice on depressive symptoms and sickness absence: a longitudinal perspective. Soc Sci Med 2010
- Zwetsloot GIJM, Aaltonen M, Wybo JL, Saari J, Kines P, Op De Beeck R. The case for research into the zero accident vision. Saf Sci 2013.

- Zwetsloot GIJM, Leka S. Corporate culture, health and well-being. In: Leka S, Houdmondt J, editors. A text book for occupational health psychology. Chicester (UK): Wiley-Blackwell; 2010.
- Zwetsloot GIJM, Starren A, editors. Corporate social responsibility and safety and health at work. Bilbao (Spain): EU OSHA.
- Zwetsloot GIJM. From management systems to corporate social responsibility. J Bus Ethics 2003.

NOTAS

NOTAS

NOTAS

NOTAS

NOTAS

NOTAS

www.ingramcontent.com/pod-product-compliance
Lightning Source LLC
Chambersburg PA
CBHW070644220526
45466CB00001B/293